fit FOR FUN

Neue Top-Rezepte aus der Fitness-Küche

Noodles

Moderne Nudelvariationen...

...leicht **zubereitet**

Fotografen

Michael Müller • Sven C. Raben • Klaus Stemmler • Südwest Verlag • Olaf Tamm • Michael Werner • Studio Jan-Peter Westermann • Martina Urban

Impressum

Herausgeber Dirk Manthey
Chefredakteur Philipp Berens
Projektleitung und Redaktion Gabriele Gugetzer, Hamburg
Art Direction Carola Schmitt
Imprimatur Jörg Roehsler
Titelgrafik Dennis Middelmann
Titelfoto Michael Müller
Rezeptfotos Studio Jan-Peter Westermann, Hamburg
Mitarbeiter im Studio Nikolai Buroh, Dieter Gruber
Assistenz Corinna Lang
Foodstyling Jens Piotraschke, Petra Speckmann, Hermann Rottmann, Ingo Bremer (Titel)
Styling/Requisite Dietlind Wolf, Christine Mähler
Rezeptentwicklung Jörg Nöcker, Erika Stelljes-Müller
Beratung Dörte Helberg (Fit for Fun), Heike Mühldorfer, Christina Niemann, Anja Westphal
Text Cornell Ehrhardt
Herstellung Eric Schmidt
Litho Reproform Hamburg
Druck Westermann Druck Zwickau GmbH
Verlagsleitung Jonas Kliemke
Objektleitung Philipp Berens
Vertriebsleitung Lutz Zimmermann
Marketing Frauke Eckert (Ltg.), Carola Plath
Syndication/Lizenzen Claudia Docherty, Tel. 040/4131-1162
Verlag FIT FOR FUN-Verlag GmbH, Milchstraße 1, D-20148 Hamburg

„Noodles" erscheint in Kooperation mit der Zeitschrift „Fit for Fun"

ISBN 3-9804101-7-X
1. Auflage 1998
Teilauflage für den Südwest Verlag
ISBN 3-517-07788-7

Editorial

Liebe Pasta-Freunde!

Sie wissen es natürlich längst: Die Nudel ist das vielseitigste Lebensmittel überhaupt. Und außerdem macht sie glücklich. Das liegt an den vielen wertvollen Kohlenhydraten, die drinstecken. Dank dieser Nährstoffe machen Spaghetti, Spirelli & Co. langanhaltend satt. Zudem lassen sie über einen ausgeklügelten Stoffwechsel-Mechanismus den Serotoninspiegel im Gehirn ansteigen. Und dieser vielzitierte Botenstoff, ein sogenannter Neuro-Transmitter, ist der Stimmungsmacher Nummer eins aus der Nahrung. Das funktioniert wunderbar, zumindest, wenn die Nudeln einigermaßen pur verzehrt werden...

Soweit zur Theorie. Daß Nudeln nicht nur als Sattmacher taugen, sondern sich auch zu kulinarischen Höhen aufschwingen, hat sich bei uns – den in Deutschland ansässigen italienischen Wirten und den Italienreisenden sei Dank – inzwischen herumgesprochen. Zwar wird hierzulande noch in vielen Haushalten das Ritual des Miracoli-Tags abgehalten (dankbare Kindergesichter lassen Mütter immer wieder zur altbewährten Kombinationspackung greifen). Doch die Zahl derer, die Penne von Tagliatelle unterscheiden können und in stolperfreiem Italienisch „Njocki" oder „Spaghetti aljo-oljo" ordern, wächst täglich.

Für all diese Noodles-Freunde hat das Expertenteam der Zeitschrift FIT FOR FUN jetzt die köstlichsten Ideen aus heimischen Landen und aus aller Welt zusammengefaßt. Sie finden eine Riesen-Auswahl an kulinarischen Kreationen rund um die beliebten Teigwaren: von der heimischen Maultasche bis zur chinesischen Glasnudel, vom raffinierten Salat bis zur fruchtig-süßen Erdbeerlasagne. Auf 170 Seiten und bei doppelt sovielen Tips und Anregungen findet selbst der ausgefuchsteste Pasta-Fanatiker garantiert noch neue Anregungen! Und alles, was wir auf den Tisch bringen, ist natürlich in wohlbekannter FIT FOR FUN-Manier fett- und kalorienarm, vitaminreich und frischebetont. Wohl bekomms!

Dazu finden Sie jede Menge Tips rund um Vermicelli, Spaghettini, Bucatini... Wir helfen Ihnen, sich im Nudelwirrwarr zurechtzufinden und erklären Ihnen, wie Sie Teigwaren selbst herstellen können. Dazu nennen wir die wichtigsten Geräte und Accessoires für Hobbyköche, liefern ein Küchenglossar und Nährwerterklärungen sowie die bewährte Schnellübersicht, die Sie ohne Umschweife zum passenden Rezept führt. Bleibt nur noch, Ihnen guten Appetit zu wünschen!

Herzlichst, Ihre
Dörte Helberg

Dörte Helberg
Fit for Fun, Ressortleitung Ernährung

Inhalt

Einleitung ... 6

Nudelsorten im Überblick ... 8
Große Vielfalt: Nudeln weltweit im Trend

Küchenglossar ... 12
Von al dente bis Wok: was man wissen muß

Nährstoffe ... 13
Was Nudeln so gesund macht

Schnellübersicht ... 14
Alle Gerichte mit Kalorien- und Fettangabe,
Zubereitungszeiten etc., geordnet nach Rubriken

Zeit sparen
Für alle, die gern kochen wollen:
Nudeln schnell zubereitet ... 20

Energie laden
Für alle, die mit Frische und Intelligenz Fitness tanken wollen:
Nudeln gesund zubereitet ... 48

Neues entdecken
Für alle, die sich Neuem öffnen wollen:
Nudeln exotisch zubereitet ... 74

Gäste verführen
Für alle, die in kleiner oder großer Runde bewirten wollen:
Nudeln verführerisch zubereitet ... 108

Süßes versprechen
Für alle, die Süßes und wenig Kalorien wollen:
Nudeln als Dessert zubereitet ... 140

Nudeln selbstgemacht ... 152
Fresh Noodles: Wie mache ich Nudeln selbst?
Asia Noodles: Frühlingsrollen und andere Exotika

Warenkunde ... 158
Von Ahornsirup bis Zuckerschote
Alles Wissenswerte einfach erklärt

Küchengeräte ... 170
Was ist unentbehrlich, was ist Luxus
beim Kochen und Herstellen von Nudeln?

Buchtips ... 172
Besser leben mit Fit For Fun!
Know-how für Leib und Seele

Register ... 174
Alle Rezepte und Zutaten auf einen Blick –
Übersichtlich geordnet von A bis Z

Einleitung

Wie Sie möglichst leicht und schnell mit dem Fit For Fun-Kochbuch umgehen können, sagen wir Ihnen auf den folgenden zwei Seiten. Natürlich legen wir den Schwerpunkt auf leckere Rezepte, denn Nudeln können auch Ungeübte nachkochen. Sie finden diese geballt in der Mitte des Buches – alle mit übersichtlicher Zutatenliste und ausführlicher Anleitung. Dazu liefern wir noch „Extra-Tips“ und „Tips & Alternativen“, und unser „Frische-Check“ weist auf die beste Saison einer bestimmten Zutat hin. Neben dieser Riesenauswahl an Rezepten haben wir ein ganzes Paket an Zusatzinformationen geschnürt, die Ihnen bei der Auswahl der Zutaten, der Vorbereitung und natürlich beim Kochen helfen sollen.

Info-Seiten

Was sind Vitamine und Mineralstoffe und wozu braucht der Körper unbedingt frische, gesunde Lebensmittel, aber auch eine gewisse Dosis Fett? Mit welchen Zutaten kann ich meinen „Körperspeicher“ am besten auffüllen? Welche Nudelsorten gibt es und was bedeutet es eigentlich ganz genau, etwas „al dente“ zu kochen? Ein kurzer Blick in unser Küchenlexikon (Seite 12) und die Erklärungen zu den Nährwerten (Seite 13) geben Ihnen knappe, aber präzise Antworten. Auf die Standardfrage: „Was soll ich heute kochen?“ finden Sie vielleicht schon in der Schnellübersicht (Seite 14 bis 19) erste Anregungen. Spätestens aber in den fünf Rezeptkapiteln (ab Seite 20), die Ihnen Nudeln auf neue Weise schmackhaft machen sollen. Noch Fragen? Die finden Sie in der Warenkunde (Seite 158 bis 167) und im Kapitel „Nudeln selbstgemacht“ (Seite 152 bis 157) beantwortet.

Alles klar?

Sie suchen nach einem raffinierten Rezept für Gäste, von denen die Hälfte Vegetarier und die andere Hälfte anspruchsvoll ist? Sie wollen nicht viel Zeit in der Küche verbringen? Sie wollen fettarm kochen und kein Vermögen für Ihr Essen ausgeben? Ein Blick in die Schnellübersicht (Seite 14 bis 19) hakt Ihnen Kapitel nach Kapitel alles Wissenswerte über ein Rezept mit einem Kreuzchen oder Häkchen ab: Wieviel Fett enthält es, wieviel Kalorien hat es, wie schnell ist es zubereitet, ist es auch für Vegetarier geeignet und ist es preisgünstig? Und liefert nicht zuletzt natürlich auch die Seite, auf der Sie Ihr Rezept im Buch wiederfinden.

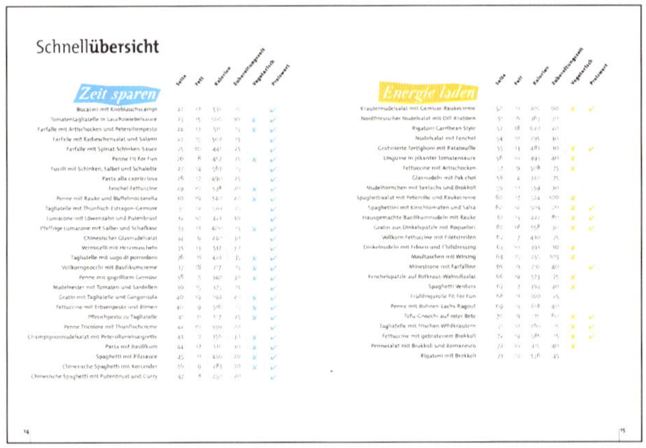

Schnellübersicht

Die wichtigsten Angaben zu jedem Rezept — farblich unterschiedlich, doch auf einen Blick. Auf welcher Seite im Rezeptteil finde ich das Rezept, wie wenig Fett (in Gramm) enthält es, wieviele Kalorien (pro Person) hat es, wie lange dauert seine Zubereitung, ist es für Vegetarier geeignet und belastet es den Geldbeutel nicht zu sehr?

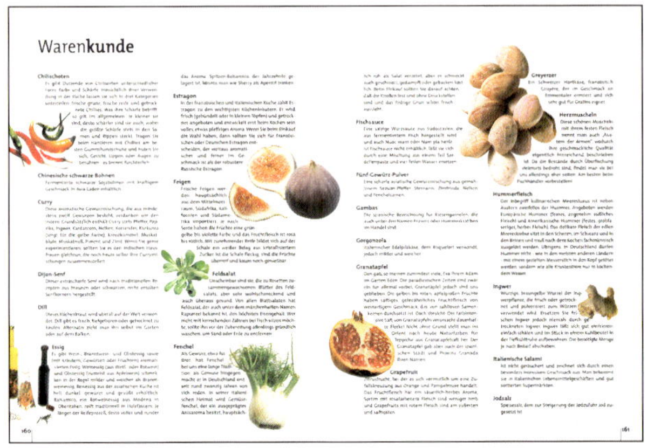

Warenkunde

Chili oder Peperoni? Herzmuscheln oder Miesmuscheln? Wieso sind Trüffel so teuer? Und was ist Bacon? Die Warenkunde gibt auf alles detailliert und mit vielen Abbildungen Antwort.

Nudeln — von Energie bis Verführung

Fit For Fun „Noodles“ ist kein Kochbuch zum Thema Nudeln. Sondern ein Servicebuch zum Thema Nudeln. Unsere Nudeln kommen international daher — von Kalifornien bis Vietnam, von Süditalien bis ins Schwabenländle. Und sie liefern je nach Bedarf auch mehr als bloße Nahrung: Im ersten Kapitel kann man mit Nudeln Zeit und Geld sparen, im zweiten Kapitel mit Nudeln Energie laden, im dritten Kapitel mit Nudeln Neues entdecken, im vierten Kapitel mit Nudeln Gäste (oder einen einzelnen Gast) verführen und im fünften Kapitel mit Nudeln „Süßes versprechen“.

Nudeln selbst machen — wirklich leicht?

Mit vielen Steps und einfachen Erklärungen zeigen wir Ihnen (von Seite 152 bis Seite 157), was man in Italien noch heute von der Mamma lernt: Gnocchi, Ravioli oder Tagliatelle selbst machen. Denn schon die alten Römer kannten und genossen frische Nudeln und verwendeten zu ihrer Herstellung Nudelbrett und Teigrädchen. Getrocknete Nudeln gab es erst viel später. Für die Formenvielfalt heutiger Tage wurde irgendwann zwischen dem 11. und 13. Jahrhundert der Grundstock gelegt, als die Araber auf ihren Eroberungen getrocknete Nudeln nach Sizilien brachten.

Nudeln — wirklich keine Dickmacher?

Daß Nudeln keine Fett- sondern Fitmacher sind, wird Ihnen jeder Hochleistungssportler sagen. Selbst im normalen Trainingsbetrieb benötigt ein Sportler große Mengen an Kohlenhydraten, damit der Körper ausreichend energieversorgt ist. Und da Nudeln eine höhere Kohlenhydratdichte haben als Kartoffeln oder Reis, ist ihr fester Platz auf dem sportlichen Speiseplan nicht nur praktisch, sondern logisch. Wer sich, wie Radsportler oder Eishockeyspieler, einer extrem energiezehrenden Sportart verschrieben hat, der verdrückt schon mal leicht ein knappes Kilo Nudeln pro Mahlzeit. Aber auch „normale" Sportler greifen drei- bis viermal in der Woche kräftig in den (internationalen) Nudeltopf. Und das nicht nur, weil Nudeln ernährungsmäßig so zweckmäßig sind. Sondern auch, weil sie sich schnell und einfach zubereiten lassen, für Nicht-Köche geeignet sind und so vielseitig wie kaum ein zweites Nahrungsmittel sind. Auf die Saucen und Beilagen kommt es an. Und da unsere Rezepte weniger als 20 g Fett pro Person mitbringen, kann also gar nichts passieren!

Kaufen nach Saison

Warum schmeckt Basilikum im Winter eigentlich oft nach Pfefferminze...? Viele Gemüsesorten haben nur zu bestimmten Zeiten im Jahr wirklich Saison. Dann schmecken sie am besten, sind überall erhältlich und sind preislich erschwinglich. Unser Frische-Check hilft Ihnen bei der Orientierung.

Küchenlexikon & Nährstoffe

Wieviel ist eigentlich die Angabe „1 EL"? Warum muß man einige Gerichte „ablöschen?" Was hat es mit einem Mörser auf sich? Und wieso ist eine gewisse Fettzufuhr für meinen Körper sehr gesund? Das Küchenlexikon und die Nährstoffe beantworten diese Fragen.

Tips & Hilfen

Damit Sie beim Lesen in Gedanken schon planen und kochen können, haben wir die Zutaten in eine übersichtliche Ordnung gestellt und liefern zu jedem Rezept eine klare Kochanleitung, nach der jedes Rezept gelingt. Dazu bieten wir Ihnen noch zusätzliche Hilfen und Anregungen: Jeder Extra-Tip weist auf Besonderheiten einer Zutat hin, erklärt Vorbereitungs- oder Zubereitungsschritte, bietet Einkaufsrat oder Entscheidungshilfe. Auch wenn Sie einmal nicht mit einer Zutat einverstanden sind – wir bieten Alternativen, die das Aroma nicht verfälschen. „Tips & Alternativen" heißt die Rubrik, unter der Sie solche Informationen finden. Und natürlich darf auch die Getränkeempfehlung (von grünem Tee bis Dão) nicht fehlen. Einige Rezepte enthalten noch Wissenswertes aus der Warenkunde, um Ihnen Lust auf Austern oder frischen Koriander zu machen. Schließlich liefern wir Ihnen auch noch wichtige Details über die Nährwerte eines Gerichts. Jedes Rezept versorgt Sie besonders gut mit bestimmten Vitaminen oder Mineralstoffen. Wir sagen Ihnen jeweils, welcher Inhaltsstoff das ist und wieviel des von Ernährungsexperten empfohlenen Tagesbedarfs Sie mit einer Portion aufnehmen. Bei manchen Gerichten ist das mehr als 100 % des Tagesbedarfs, aber dieses sollte Sie nicht schrecken, denn überschüssige Nährstoffe werden, wenn möglich, gespeichert oder ausgeschieden. Für Körper- und Fitness-Bewußte ist natürlich der Fettgehalt eines jeden Rezeptes besonders interessant (die Angabe ist in Gramm), ebenso die Ballaststoffe (auch in Gramm). Und dann natürlich die Kilokalorien, die wir mit der gebräuchlichen Kurzform Kalorien bezeichnen. Mit anderen Worten: Die wichtigsten Nährwertinfos auf einen Blick.

extra-tip

Probieren Sie statt Rauke auch die ungewöhnlichere Brunnenkresse, deren Blätter sich schön zur Garnierung eignen. Dieser Favorit der neuen englischen Küche ist äußerst gesund. Frisch gemahlener schwarzer Pfeffer unterstreicht ihr intensives Aroma.

Tips & Alternativen

In der Herbstsaison unbedingt einmal mit Flußkrebsschwänzen probieren.

Nährwerte (pro Portion)	
Eisen	56 %
Fett	10 g
Ballaststoffe	4 g
Kalorien	530

austern

Spart Mühe und Zeit: Austern am besten bereits vom Fischhändler öffnen lassen. Damit die Austernschalen nicht rutschen, einfach grobes Meersalz auf den Tellern verteilen. Auf die gleiche Weise und genauso köstlich lassen sich auch Jakobsmuscheln kochen.

Noodles und mehr

Denn Nudeln sind nicht gleich Pasta und Pasta ist nicht gleich Makkaroni. Im alten Rom genoß man Laganum (Saucen sind leider nicht überliefert), heute entwickelt man Turbo-Spaghetti, deren Querschnitt kleeblattförmig ist und die in 3 Minuten optimalen Biß haben sollen. Der Fantasie war in der Küche eben noch nie eine Grenze gesetzt!

Tortiglioni 1
Fusilli 2
Lumache 3
Mezze Penne 4
Farfalle 5
Farfalline 6
Penne lisce 7
Orecchiette 8
Lumaconi 9
Schweizer Hörnli 10
Rigatoni 11
Bucatini 12
Gnocchi 13
Fettucelle 14
Vollkornspaghetti 15
Spaghettini 16
Tomatenspaghetti 17
Lasagne 18
Cannelloni 19
Grüne Fettuccine 20
Fettuccinenester 21
Pappardelle 22
Tagliolini 23
Conchiglie 24

15
16
17
18
19
20
21
22
23
24

Noodles und mehr

Schon Globetrotter Marco Polo entdeckte, daß man auch in Asien Nudeln liebte. Und heute, wo die Welt immer mehr zum globalen Dorf wird, kann man faszinierende Vielfalt und Ästhetik asiatischer Nudeln nicht nur auf Fernreisen, sondern auch zu Hause ausprobieren.

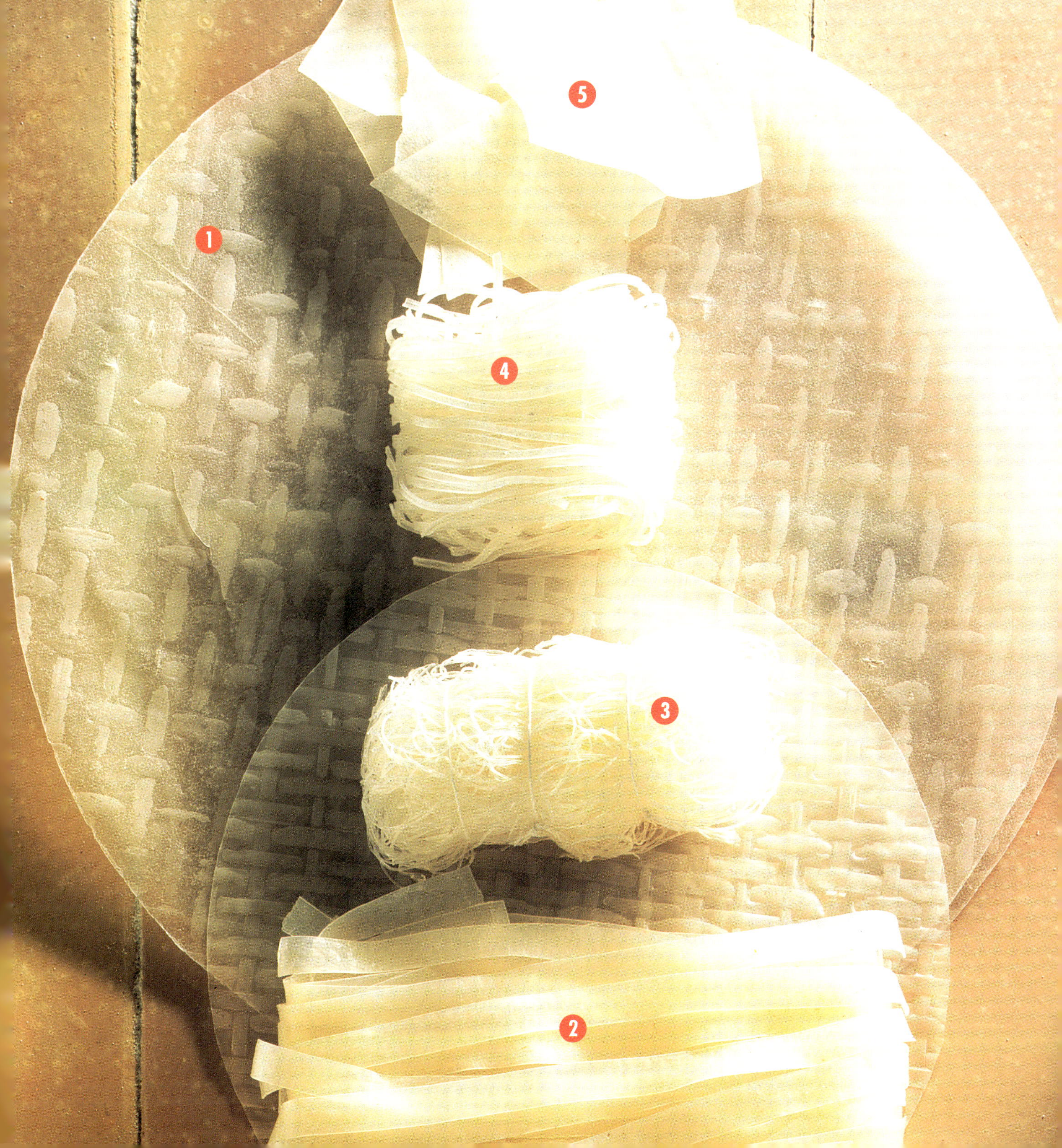

1 Vietnamesischer Frühlingsrollenteig
2 Rice Sticks
3 Vermicelli
4 Rice Stick Vermicelli
5 Chinesische Riceflakes
6 Thailändische Weizennudeln
7 Chinesische Nudeln
8 Chinesische Mie-Nudeln
9 Chinesische Bandnudeln
10 Taiwan-Nudeln
11 Japanische Nudeln
12 Japanische Buchweizennudeln

Küchenlexikon

A

Ablöschen
Angebratenes Fleisch oder Gemüse mit Brühe, Wein oder einer anderen Flüssigkeit begießen; Bratensatz durch Zugießen von Flüssigkeit lösen und verdünnen, um die beim Braten entstandenen Röststoffe zu binden und ein Anbrennen zu verhindern.

Al dente
Italienischer Begriff, der „mit Biß“ bedeutet und die Beschaffenheit und den Geschmack richtig gegarter Teigwaren beschreibt: Die Nudeln sind gar, aber noch bißfest und ohne mehligen Beigeschmack.

E

Eßlöffel
Rezeptmenge für gestrichene (nicht gehäufte) Eßlöffel. 1 EL Mehl entspricht etwa 10 g, 1 EL Öl etwa 12 g.

F

Filetieren
Bei Fischen die fleischigen Seitenpartien von den Gräten lösen; bei Schlachttieren das magere Muskelfleisch zu beiden Seiten des Rückgrats herauslösen.

Fritieren
Fleisch, Geflügel, Fisch, Meeresfrüchte, Gemüse oder Kartoffeln schwimmend in heißem Fett oder Öl ausbacken. Damit das Fritiergut möglichst wenig Fett aufnimmt, muß das Fett ausreichend heiß sein (190-200° C). Auf Küchenkrepp „entfetten“.

G

Gratinieren
Ein Gericht bei starker Oberhitze überbacken, so daß eine braune Kruste entsteht.

Grillen
Die ursprünglichste und rustikalste Art des Bratens von Fleisch, Fisch usw. auf dem Rost. Beim Grillen bewirkt die Wärmestrahlung der Holzglut (oder einer Heizspirale) das Garwerden der Speisen. Beim Holzkohlengrill gehen außerdem bei entsprechendem Holz die Duftstoffe des Brennmaterials auf die Speisen über. Es sollte jedoch kein Fett in die Glut tropfen, da so krebserregende Benzpyrene entstehen können.

J

Julienne
Feine, streichholzlange Streifen von Gemüse, Trüffeln oder auch Fleisch; auch ideal zum Garen im Wok.

M

Messerspitze
Sehr kleine Mengen Salz oder gemahlene Gewürze, eben gerade soviel, wie auf eine Messerspitze geht.

Mörser
Dickwandige Schale aus Porzellan oder Marmor mit gerundeter, rauher Innenfläche, in der vor allem Gewürze und Kräuter mit einem Stößel zerrieben oder zerstoßen werden, um ihr Aroma zu verstärken.

P

Passetout
Ein Passiergerät, auch als „Flotte Lotte“ bekannt.

Prise
Kleiner als eine Messerspitze. Entspricht der Menge, die zwischen Daumen und Zeigefinger paßt.

R

Reduzieren
Flüssigkeiten wie Fonds, Suppen oder Saucen bei starker Hitze auf die gewünschte Konzentration einkochen. Verringert den Wassergehalt und verstärkt den Geschmack; Saucen erhalten eine sämige Konsistenz.

T

Teelöffel
Zutaten wie getrocknete Kräuter, Salz und andere Gewürze werden in der Küche häufig in Teelöffeln (TL) abgemessen. 1 TL Salz entspricht etwa 5 g, bei Kräutern und Gewürzen kann das Gewicht variieren. Als Mengenangabe ist ein gestrichener Teelöffel gemeint.

U

Unterheben
Eischnee, Schlagsahne oder andere empfindliche Zutaten vorsichtig unter eine Masse ziehen, aber nicht zu verrühren. Geht am besten mit einem Teigschaber oder einem Schneebesen.

W

Wok
Das Universalkochgerät der Chinesen. Heute meist eine schalenähnliche Pfanne aus Alugüß, Gußeisen, Kupfer oder Stahl mit abgeflachtem Boden für normale Küchenherde. Ein Wok erreicht rasch eine gleichmäßig hohe Temperatur und eignet sich für kurzes, heißes, schonendes Garen unter ständigem Rühren von feingeschnittenen Zutaten. Das Gemüse bleibt herrlich knackig.

Nährstoffe

Was bedeutet Fit For Fun?

Unsere Rezepte haben eines gemeinsam: Wenig Fett, dafür aber viel Genuß, viel Fitness und damit auch viel Gesundheit. Jedes dieser Nudelrezepte, ob nun aus dem Süden Italiens oder dem Süden Kaliforniens, versorgt Ihren Körper mit lebenswichtigen Nähr- und Inhaltsstoffen.

Protein oder Eiweiß

nennt man die Bausteine des Körpers. Ob Muskel- oder andere Gewebezellen, sie alle werden aus Proteinbestandteilen aufgebaut, den Aminosäuren. Da der Stoffwechsel diese nicht alle selbst bilden kann, müssen wir nachhelfen – mit Fisch, Fleisch oder Käse. Für den Vegetarier oder Veganer übernehmen auch Kartoffeln, Gemüse und Hülsenfrüchte die Eiweißzufuhr der hochwertigen Art. Aber: Zuviel Protein wird in Fett umgewandelt und gespeichert.

Kohlenhydrate

machen Muskeln und Gehirn fit. Sie sind in Zucker oder Stärke enthalten. Im Zucker steckt jedoch nur Einfachzucker, der zwar schnell wirkt, aber vorrangig Kalorien liefert. Stärke ist Mehrfachzucker. Und stärkehaltige Lebensmittel wie Nudeln, Kartoffeln und Getreide geben konstant Energie ab, sättigen und versorgen den Körper mit Vitaminen und Mineralstoffen.

Ballaststoffe

sind „nicht verwertbare Kohlenhydrate", die im Darm quellen, die Verdauung ankurbeln und den Cholesterinspiegel senken. Sie stecken vor allem in Obst, Gemüse und Vollkorngetreide.

Fett

liefert nicht nur Kalorien, sondern kompakte Energie und übernimmt im Körper wichtige Funktionen. Ernährungswissenschaftler empfehlen zwischen 70 und 80 g Fett pro Tag. Mindestens ein Drittel sollte aus den „einfach ungesättigten" Fettsäuren stammen, die beispielsweise in Butter oder Olivenöl stecken. Wichtig sind auch die „mehrfach ungesättigten" Fettsäuren aus Pflanzenölen wie Distelöl, Sonnenblumenöl, Keimöl oder Fisch. Ohne Fett könnten auch die fettlöslichen Vitamine nicht resorbiert werden. Überdies erfüllt Fett noch eine ganz andere, aber ebenso wichtige Aufgabe. Es ist ein Geschmacksträger.

Vitamine

sind lebenswichtig und oft schon in geringer Menge wirksam. Der Körper kann sie nicht selbst (oder nur in geringem Umfang) bilden. Sie ermöglichen oder beschleunigen viele Stoffwechselprozesse. Die Vitamine A, D, E und K sind fettlöslich, die restlichen Vitamine B1, B2, B6, B12, Niacin, Folsäure, Pantothensäure, Biotin und Vitamin C sind wasserlöslich. Überdosierungen sollte man ebenso vermeiden wie mangelnde Zufuhr – das gelingt am besten durch eine abwechslungsreiche, vielseitige und wirklich ausgewogene Ernährung. Jedes Vitamin hat für unseren Körper speziellen Nutzen: So sorgt A für scharfe Augen und schöne Haut, D für starke Knochen und Zähne, C für Abwehrkräfte, B1 für gute Nerven und Pantothensäure für schönes Haar.

Mineralstoffe

sind ebenfalls lebensnotwendig. Sie beeinflussen Stoffwechselprozesse, sorgen für stabile Knochen und einen ausgeglichenen Blutdruck. Durch Anstrengung und Schwitzen gehen sie verloren und müssen mit Gemüse oder mineralhaltigem Wasser wieder aufgefüllt werden. Obwohl in einem Land wie unserem Lebensmittel wahrlich keine Mangelware sind, leiden gerade Frauen oft unter mangelnder Mineralstoffzufuhr, besonders von Eisen- oder Kalzium, die für den Transport des Sauerstoffs im Blut bzw. die Knochenbildung sorgen. Fluor, Kalzium und Phosphor stärken ebenfalls Knochen und Zähne, Magnesium verhindert Muskelkrämpfe, Kalium entwässert und senkt den Blutdruck. Natrium hingegen erhöht den Blutdruck, Zink sorgt für kräftiges Haar und Jod (auch im Jodsalz) verhindert die Kropfbildung und Mangan und Kupfer aktivieren Enzyme.

Schnellübersicht

Zeit sparen

	Seite	Fett	Kalorien	Zubereitungszeit	Vegetarisch	Preiswert
Bucatini mit Knoblauchscampi	22	17	531	15		✓
Tomatentagliatelle in Lauchzwiebelsauce	23	15	500	30	✗	✓
Farfalle mit Artischocken und Petersilienpesto	24	13	511	15	✗	✓
Farfalle mit Radieschensalat und Salami	24	15	502	15		✓
Farfalle mit Spinat-Schinken-Sauce	25	10	441	25		✓
Penne Fit For Fun	26	8	457	25	✗	✓
Fusilli mit Schinken, Salbei und Schalotte	27	14	567	15		✓
Pasta alla capricciosa	28	12	490	25		✓
Fenchel-Fettuccine	29	10	538	20	✗	✓
Penne mit Rauke und Büffelmozzarella	30	19	540	20	✗	✓
Tagliatelle mit Thunfisch-Estragon-Gemüse	31	12	520	25		✓
Lumacone mit Löwenzahn und Putenbrust	32	10	423	30		✓
Pfeffrige Lumacone mit Salbei und Schafkäse	33	13	400	15	✗	✓
Chinesischer Glasnudelsalat	34	9	240	30		✓
Vermicelli mit Herzmuscheln	35	13	537	30		✓
Tagliatelle mit sugo di pomodoro	36	11	424	35	✗	✓
Vollkorngnocchi mit Basilikumcreme	37	18	217	15	✗	✓
Penne mit gegrilltem Gemüse	38	5	340	30	✗	✓
Nudelnester mit Tomaten und Sardellen	39	15	375	15		✓
Gratin mit Tagliatelle und Gorgonzola	40	19	594	20	✗	✓
Fettuccine mit Erbsenpesto und Birnen	40	9	516	15	✗	✓
Pfirsichpesto zu Tagliatelle	41	11	517	25	✗	✓
Penne Tricolore mit Thunfischcreme	42	10	559	20		✓
Champignonnudelsalat mit Petersilienvinaigrette	43	7	356	30	✗	✓
Pasta mit Basilikum	44	17	511	30	✗	✓
Spaghetti mit Pilzsauce	45	11	450	20	✗	✓
Chinesische Spaghetti mit Koriander	46	9	283	20	✗	✓
Chinesische Spaghetti mit Putenbrust und Curry	47	8	450	20		✓

Energie laden

	Seite	Fett	Kalorien	Zubereitungszeit	Vegetarisch	Preiswert
Kräuternudelsalat mit Gemüse-Raukecreme	50	11	202	90	✗	✓
Nordfriesischer Nudelsalat mit Dill-Krabben	51	6	463	30		
Rigatoni Carribean Style	52	18	620	20		
Nudelsalat mit Fenchel	54	10	295	30		
Gratinierte Tortiglioni mit Ratatouille	55	13	483	30	✗	✓
Linguine in pikanter Tomatensauce	56	10	493	40	✗	
Fettuccine mit Artischocken	57	9	508	75	✗	
Glasnudeln mit Pak-choi	58	4	320	75		
Nudelhörnchen mit Seelachs und Brokkoli	59	10	559	30		
Spaghettisalat mit Petersilie und Raukecreme	60	17	524	100	✗	
Spaghettini mit Kirschtomaten und Salsa	60	14	504	20	✗	✓
Hausgemachte Basilikumnudeln mit Rauke	61	13	427	80	✗	✓
Gratin aus Dinkelspätzle mit Roquefort	62	18	558	30	✗	✓
Vollkorn-Fettuccine mit Filetstreifen	62	7	430	75		
Dinkelnudeln mit Erbsen und Chilidressing	63	10	393	30	✗	
Maultaschen mit Wirsing	64	15	455	105	✗	
Minestrone mit Farfalline	65	9	210	40		✓
Fenchelspätzle auf Rotkraut-Walnußsalat	66	19	573	75	✗	
Spaghetti Verdura	67	7	394	40	✗	
Frühlingsrolle Fit For Fun	68	11	360	25		
Penne mit Bohnen-Lachs-Ragout	69	13	618	40		
Tofu-Gnocchi auf roter Bete	70	9	171	60	✗	✓
Tagliatelle mit frischen Wildkräutern	71	10	460	15	✗	✓
Fettuccine mit gebratenem Brokkoli	72	19	585	15	✗	✓
Pennesalat mit Brokkoli und Romanesco	72	10	415	40	✗	
Rigatoni mit Brokkoli	73	12	536	45		

Schnellübersicht

Neues entdecken

	Seite	Fett	Kalorien	Zubereitungszeit	Vegetarisch	Preiswert
Geräucherter Lachs auf Reispapier	76	12	197	40		
Pasta Caesar Salad	77	19	490	25	✗	✓
Indisches Nudelcurry mit roten Linsen	78	9	398	20	✗	✓
Auberginen-Lasagne mit Mozzarella	79	16	343	40	✗	✓
Glasnudelsalat asiatisch	80	16	343	40	✗	✓
Indische Teigtaschen mit Minzedip auf Salat	81	20	410	90		
Nußspätzle mit Pfifferlingen	82	15	560	30	✗	
Kokos-Gambas mit Reisbandnudeln	83	8	447	30		
Vollkorn-Spaghetti auf Catfishsugo	84	11	532	30		
Polentastreifen mit Kürbiskernpesto	85	13	433	90	✗	✓
Thai-Bandnudeln mit scharfem Gemüse	86	5	418	30	✗	✓
Chinesische Nudeln mit Thunfisch	87	17	472	40		
Spaghettini mit scharfer Möhrensauce	88	8	491	45	✗	✓
Möhrentagliatelle zu Hähnchensaltimbocca	89	18	599	75		
Spaghettini mit Zucchiniblüten	90	11	390	30		
Thymiangnocchi mit geschmolzenen Tomaten	91	12	350	75	✗	✓
Kräuterspätzle auf Steinpilz-Rauke-Salat	92	17	584	60	✗	
Gurken-Lachs-Consommé mit Basilikumspätzle	93	18	263	60		
Orecchiette mit Lachsstreifen in Kräutersauce	94	13	561	30		
Orecchiette-Bohnensalat mit Knoblauchdressing	94	11	292	30	✗	✓
Orecchiette à la italiana	95	13	504	60	✗	✓
Chinanudeln mit Putenstreifen	96	6	363	75		
Vietnamesische Rinderbrühe mit Vermicelli	97	2	226	40		
Spaghettigratin mit Kerbel	98	13	472	80		
Makkaronigratin mit Ziegenkäse	98	18	585	45	✗	✓
Nudelauflauf mit Schafkäse	99	10	476	60	✗	
Gebratene Tintenfische und Nudeln im Wok	100	8	327	40		
Safran-Spaghetti mit Tintenfisch	100	7	444	30		

	Seite	Fett	Kalorien	Zubereitungszeit	Vegetarisch	Preiswert
Tortiglioni mit Tintenfisch und Oliven	101	12	475	40		
Tagliatelle mit Lammfilet und Kresseblüten	102	9	527	25		
Penne mit Zucchini und Kresseblüten	103	7	208	40	✗	
Asiatischer Nudelsalat mit Knoblauchgambas	104	10	370	45		
Vermicelli mit Gambas	105	13	458	40		
Chicken Ramen	106	5	370	80		
Ramen mit Gemüsestreifen	106	12	342	10	✗	✓
Chili Ramen	107	19	200	85		

Gäste verführen

	Seite	Fett	Kalorien	Zubereitungszeit	Vegetarisch	Preiswert
Austernnudeln in der Schale	110	10	530	40		
Spaghettini mit Tiefseegarnelen	111	10	530	40		
Reispapierpäckchen auf Brunnenkresse	112	7	144	60		
Filet mit Glasnudeln und Shiitake-Pilzen	113	9	275	30		
Steinpilzstrudel mit Petersilie	114	17	413	90	✗	
Tagliolini mit frischen Trüffeln	115	4	330	20	✗	
Lachsnudeln von der Westküste	116	13	570	30		
Kartoffel-Lachs-Lasagne	117	9	299	60		✓
Kerbelnudeln in Seezungenragout	118	17	555	120		
Thymian-Ravioli mit Thunfischfüllung	119	20	632	120		✓
Bandnudeln mit Lamm und Rosmarin	120	18	624	60		
Pappardelle mit Lamm-Tomaten-Sugo	121	16	558	40		
Ditali mit Okra und Kaninchenfilet	122	6	393	90		
Spätzle mit Rehragout und Pfifferlingen	123	9	501	20		
Forellen-Ravioli mit Kresse	124	19	514	90		
Ricotta-Ravioli-Salat mit eingelegten Tomaten	125	26	423	60	✗	✓
Cannelloni mit bunter Hackfleischfüllung	126	11	318	60		

Schnellübersicht

	Seite	Fett	Kalorien	Zubereitungszeit	Vegetarisch	Preiswert
Cannelloni mit Mozzarella und Gemüsecreme	127	13	250	60	✗	✓
Fettuccine mit Gemüse und Gorgonzolasauce	128	8	440	15	✗	✓
Tomatenspätzle auf Kartoffel-Basilikum-Salat	129	16	563	65		✓
Pappardelle mit Artischocken und Tuna	130	19	720	75	✗	✓
Pappardelle mit Muschelsauce	131	9	563	45		
Hummerravioli auf grüner Sauce	133	17	560	60		
Tomatencreme mit Kerbel und Balsamicoessig	134	11	440	15	✗	✓
Lauchcreme mit Lachswürfeln	134	20	586	30		✓
Basilikumnudeln mit frischen Pfifferlingen	135	11	435	120	✗	
Glasnudelsalat mit Limettenvinaigrette	136	7	202	30	✗	✓
Thunfisch Provençal im Gemüse-Nudel-Bett	137	13	501	65		
Taglionini-Möhrensalat mit Orangendressing	138	8	310	30	✗	✓
Safran-Fettuccine mit Austernpilzen	138	13	474	20	✗	✓
Schwarze Tagliatelle mit geräuchertem Lachs	139	15	603	30		

Süßes versprechen

	Seite	Fett	Kalorien	Zubereitungszeit	Vegetarisch	Preiswert
Gebackene Quarkschleifchen auf Himbeerpüree	142	7	398	60	✗	✓
Erdbeerlasagne mit Baiser	143	3	277	45	✗	✓
Apferlnockerln in Kiwicreme	143	5	290	40	✗	✓
Quarknockerln und Calvadosäpfel in Holundersauce	145	4	341	60	✗	✓
Topfenknödel mit Apfel-Basilikum-Kompott	146	15	415	35	✗	✓
Darjeelingnudeln mit Pfirsichcreme	147	0	198	40	✗	✓
Buchweizenravioli mit Aprikosencreme	148	7	323	120	✗	✓
Süße Kokosvermicelli auf Mangospalten	149	6	281	75	✗	✓
Glasnudeln mit Erdbeeren und Holunderblüten	150	0	160	15	✗	✓
Bunter Herbstsalat mit Nudelhörnchen	150	10	391	40	✗	✓
Walnußnockerln auf Orangen-Feldsalat	151	19	303	60	✗	✓

Zeit *sparen*

Gemeinsames Merkmal von Workaholics in Beruf und Haushalt? Richtig. Keine Zeit! Auch Sie kennen es zur Genüge, und es stört Sie ständig: Nach Büroschluß eben noch rasch einkaufen, schwer beladen auf schnellstem Wege nach Hause, um etwas Warmes auf den Tisch zu zaubern. Und: preiswert soll das Essen sein, schmecken soll es, gesund soll es sein und schnell gehen soll es auch noch! Ein Problem? Kein Problem. Denn die folgenden Rezepte bringen all dies meisterhaft unter einen Hut.

55
50
0
45
5
10
15
20
30

Zutaten
für 4 Personen

400 g Bucatini
200 g TK-Scampi, ohne Schale und entdarmt
4 Knoblauchzehen
3 Zweige Oregano
6 EL Olivenöl extra vergine
1 unbehandelte Zitrone
schwarzer Pfeffer aus dem Mörser, Jodsalz

Zubereitungszeit
15 Minuten

Frische-Check
Zitronen
ganzjährig

Getränketip
Weißwein (Pinot Grigio)

Nährwerte (pro Portion)	
Vitamin E	21 %
Fett	17 g
Ballaststoffe	4 g
Kalorien	531

Tips & Alternativen
Anstelle im Mörser können Sie den Pfeffer auch mit der Pfeffermühle grob mahlen.

extra-tip
Man mag ihn entweder gern oder gar nicht: Knoblauch. Unumstritten jedoch ist seine gesundheitliche Wirkung auf die Blutgefäße. Ältere Knoblauchzehen erkennt man am grünen Keim in der Mitte. Dann ist ihr Aroma bereits etwas streng und schmeckt bitter.

Bucatini mit Knoblauchscampi

1. Nudeln in sprudelndem Salzwasser nach Packungsangabe al dente kochen.

2. Knoblauch pellen, in Scheiben schneiden. Oregano waschen, trockentupfen und hacken. Zitrone heiß abwaschen, abtrocknen und in Scheiben schneiden. 3 Scheiben in Viertel schneiden.

3. Öl in einer großen Pfanne erhitzen. Knoblauch, Oregano, Zitronenviertel und tiefgefrorene Scampi hineingeben. Unter Rühren 3 Minuten garen. Salzen. Nudeln abgießen, abtropfen lassen und unterheben. Mit Pfeffer bestreuen und mit den restlichen Zitronenscheiben anrichten.

Tomatentagliatelle in **Lauchzwiebelsauce**

1 Die Tomaten mit kochendem Wasser überbrühen, häuten und entkernen. Die Lauchzwiebeln putzen, waschen und kleinschneiden. Den Knoblauch schälen, fein hacken. Das Olivenöl in einem Topf erhitzen und den Knoblauch und die Lauchzwiebeln darin andünsten. Nun die Tomaten, Thymian, Honig, Salz und Pfeffer zugeben. Die Sauce bei Mittelhitze unter gelegentlichem Rühren 15 Minuten einköcheln lassen.

2 Unterdessen die Nudeln in sprudelndem Salzwasser nach Packungsangabe al dente kochen. Die Petersilie waschen, mit Küchenkrepp trockentupfen und fein wiegen. Die Lauchzwiebelsauce mit Salz, Pfeffer und eventuell auch mit Honig abschmecken.

3 Die Tagliatelle gut abtropfen und noch heiß mit der Sauce mengen. Mit Parmesan bestreuen und mit Petersilie garnieren und gleich servieren.

Tips & Alternativen

Zum Verfeinern mit 2-3 EL halbtrockenem Sherry abschmecken.

extra-tip

Alle Öle sind „lichtscheu", das heißt sie werden am besten kühl und dunkel aufbewahrt, damit die wichtigen Fettsäuren nicht zerfallen. Angebrochenes Öl sollte bald verbraucht werden.

Zutaten
für 4 Personen

- 350 g Tagliatelle
- 750 g vollreife Tomaten
- 2 Bund Lauchzwiebeln
- 1 Knoblauchzehe
- 4 EL Olivenöl extra vergine
- 1 Zweig Thymian
- 1/2 Bund glatte Petersilie
- 4 EL frisch geriebener Parmesan
- 1 TL Wildhonig
- schwarzer Pfeffer (Mühle)
- Jodsalz

Zubereitungszeit
30 Minuten

Frische-Check
Tomaten
Juli – Oktober

Getränketip
kräftiger Rosé oder Bier

Nährwerte (pro Portion)	
Eisen	33%
Fett	15 g
Ballaststoffe	6 g
Kalorien	500

Zutaten
für 4 Personen

400 g Farfalle
200 g eingelegte Artischockenherzen
5 EL Olivenöl extra vergine
3 EL Weißweinessig
1 EL Zitronensaft, 1 EL Dijonsenf, 1 EL Pinienkerne
3 Knoblauchzehen
2 Bund glatte Petersilie
5 Blättchen Zitronenmelisse
1 Prise Cayennepfeffer
Jodsalz

Zubereitungszeit
15 Minuten

Frische-Check
Petersilie
ganzjährig

Getränketip
spritziger Weißwein (Vinho Verde)

Nährwerte (pro Portion)	
Selen	62 %
Fett	13 g
Ballaststoffe	8 g
Kalorien	511

Farfalle mit Artischocken und **Petersilienpesto**

1 Die Farfalle in sprudelndem Salzwasser al dente kochen. Unterdessen Knoblauch pellen. Petersilie und Zitronenmelisse waschen, trockentupfen und grob zerkleinern.

2 Weißweinessig und Zitronensaft mit Senf, Knoblauch und Kräutern in einen hohen Rührtopf geben und mit dem Pürierstab sämig pürieren. Etwas Salz und Cayennepfeffer einstreuen. Öl unterschlagen. Sauce würzig abschmecken.

3 Artischocken abtropfen und halbieren. Nudeln abgießen. Beides in eine Schüssel füllen und das Petersilienpesto darüber anrichten. Die Pinienkerne in einem Stieltopf leicht anrösten und das Nudelgericht damit bestreuen.

Tips & Alternativen

Artischocken gibt es eingelegt im Glas oder lose beim türkischen Gemüsehändler.

extra-tip

Kinder lieben Nudeln und ganz besonders Farfalle. Artischocken allerdings weniger! Daher unser Tip für Kinderbesuch: Bereiten Sie die Nudeln ohne Artischocken zu und heben Sie stattdessen einige Eßlöffel Maiskörner und Kirschtomaten unter die Pasta.

Zutaten
für 4 Personen

400 g Farfalle
50 g italienische Salami in hauchdünnen Scheiben
2 Bund Radieschen, 1 Bund Schnittlauch, 2 Zwiebeln
4 EL Olivenöl extra vergine
3 EL Weißweinessig
1 EL süßer Senf, schwarzer Pfeffer (Mühle), Jodsalz

Zubereitungszeit
15 Minuten

Frische-Check
Radieschen
ganzjährig

Getränketip
frisches Bier

Nährwerte (pro Portion)	
Eisen	29 %
Fett	15 g
Ballaststoffe	6 g
Kalorien	502

Farfalle mit **Radieschensalat** und Salami

extra-tip

Sieht seltsam aus, bringt aber wirklich etwas: Wer Zwiebeln nicht ohne Tränen schälen kann, sollte es einmal mit einer gut sitzenden Sonnenbrille oder – noch wirksamer – einer Taucherbrille versuchen. Vor allem bei größeren Zwiebelmengen kann man damit rotgeweinte Augen vermeiden.

1 Farfalle in sprudelndem Salzwasser nach Packungsanweisung al dente kochen.

2 Radieschen und Schnittlauch waschen und trockentupfen. Radieschen in dünne Scheiben, Schnittlauch in Röllchen schneiden. Zwiebeln pellen und in dünne Ringe schneiden.

3 Öl in einer Pfanne erhitzen. Salamischeiben darin knusprig braten. Herausnehmen. Essig, Senf und Salz in die Pfanne rühren. Nudeln abgießen, zufügen und gut vermischen.

4 Nudeln in eine Schüssel füllen. Radieschen, Schnittlauch und Zwiebelringe unterheben. Salamischeiben auf dem Salat anrichten. Pfeffer darüber mahlen und warm servieren.

Tips & Alternativen

Dieses Rezept deckt 33% der empfohlenen Tagesmenge an Vitamin C.

extra-tip

Wenn es keinen frischen Spinat auf dem Markt gibt, können Sie auch tiefgefrorenen Blattspinat verwenden. Im Kühlschrank auftauen, abtropfen lassen und grob zerschneiden, dann wie beschrieben zur Sauce geben. Die Garzeit verkürzt sich auf 2 Minuten.

Farfalle mit Spinat-Schinken-Sauce

1. Blattspinat putzen, dabei Würzelchen abknipsen, dann gründlich (am besten zweimal) waschen. Salzwasser für die Nudeln aufkochen.

2. Zwiebel und Knoblauch pellen, fein hacken. Schinken in Streifen schneiden. Alles mit dem Öl in einer beschichteten Pfanne erhitzen, bis die Zwiebeln glasig sind. Spinat tropfnaß zugeben, 4 Minuten bei geschlossenem Deckel dünsten.

3. Währenddessen die Nudeln ins kochende Salzwasser geben und nach Packungsangabe al dente kochen, abgießen.

4. Spinat mit der Milch ablöschen, Schmand unterrühren. Mit Salz und Pfeffer abschmecken. Nudeln untermengen, gleich servieren.

Tips & Alternativen

Als Variante können Sie auch Frühstücksspeck mit den Zwiebeln auslassen; dann wie beschrieben fortfahren. Allerdings bringt das mehr Fett und somit Kalorien.

Zutaten
für 4 Personen

- 400 g Farfalle
- 500 g Blattspinat
- 100 gekochter Schinken
- 1 Zwiebel
- 1 EL Sonnenblumenöl
- 3 EL fettarme Milch
- 1 EL Schmand
- 2 Knoblauchzehen
- schwarzer Pfeffer (Mühle)
- Jodsalz

Zubereitungszeit
25 Minuten

Frische-Check
Spinat
März – Mai
September – November

Getränketip
kühles Bier

Nährwerte (pro Portion)	
Vitamin A	126 %
Fett	10 g
Ballaststoffe	15 g
Kalorien	441

Zutaten
für 4 Personen

400 g Penne
je 1 kleiner Zucchino
Lauchstange und Möhre
je eine halbe rote und
gelbe Paprika
150 g Bleichsellerie
100 g Brokkoli
8 Kirschtomaten
1 Schalotte
2 EL Olivenöl extra vergine
200 ml Gemüsebrühe
3 EL Tomatenmark
1 Knoblauchzehe
einige Blättchen Basilikum
schwarzer Pfeffer (Mühle)
Jodsalz

Zubereitungszeit
25 Minuten

Frische-Check
Lauch
August – Dezember

Getränketip
Mineralwasser

Nährwerte (pro Portion)	
Vitamin C	97 %
Fett	8 g
Ballaststoffe	9 g
Kalorien	457

Penne Fit For Fun

1 Reichlich Salzwasser für die Nudeln zum Kochen bringen. Währenddessen Gemüse waschen und putzen: Zucchino, Lauch und Möhre in feine Scheiben bzw. Ringe schneiden, Paprika fein würfeln, Sellerie in hauchdünne Scheiben schneiden, Brokkoli in kleinste Röschen teilen und die Tomaten halbieren.

3 Penne nach Packungsangabe al dente kochen.

3 Schalotte pellen und fein würfeln. Mit 1 EL Öl erhitzen und glasig dünsten. Vorbereitetes Gemüse zugeben, unter Wenden einige Minuten mitdünsten. Tomatenmark unterrühren, Knoblauchzehe pellen und dazupressen, mit Gemüsebrühe ablöschen, salzen und pfeffern, zugedeckt weitere 3 Minuten dünsten. Kurz vor dem Servieren restliches Öl unterrühren. Nudeln abgießen und abtropfen lassen, mit der Sauce auf 4 Tellern anrichten, mit Basilikum garnieren und servieren.

extra-tip

Oft sitzen die Vitamine und Vitalstoffe beim Gemüse direkt unter der Schale. Deshalb sollten Sie Möhre und Zucchini nicht oder nur sehr dünn schälen. Das gelingt am besten mit einem Sparschäler.

Tips & Alternativen

Schmeckt auch kalt toll als Salat fürs Buffet; dann allerdings etwas kräftiger würzen und mit frischen Kräutern abschmecken.

Fusilli mit Schinken, Salbei und **Schalotte**

extra-tip

Salbei stammt wie viele andere Kräuter auch aus dem Mittelmeerraum. Er enthält Gerb- und Bitterstoffe, die antiseptisch wirken und ist ein langerprobtes Hausmittel bei Halsentzündungen.

1 Nudeln in sprudelndem Salzwasser nach Packungsanweisung al dente kochen.

2 Schalotten pellen und vierteln. Salbei waschen, trockentupfen und in Streifen schneiden. Beides im Olivenöl anbraten.

3 Nudeln abgießen, unterheben. Vom Parmaschinken eventuell den Fettrand entfernen. Nudeln mit Schinken, Pecorino und Pfeffer anrichten und servieren.

Tips & Alternativen

Die silbrig-grauen Salbeiblättchen würzen intensiv; deshalb vorsichtig verwenden.

Zutaten
für 4 Personen

500 g Fusilli
8 dünne Scheiben Parmaschinken
150 g Schalotten
2 EL gehobelter Pecorino
6 Blättchen Salbei
4 El Olivenöl extra vergine
schwarzer Pfeffer (Mühle)
Jodsalz

Zubereitungszeit
15 Minuten

Frische-Check
Schalotten
ganzjährig

Getränketip
leichter Weißwein (Soave)

Nährwerte (pro Portion)	
Niacin	26 %
Fett	14 g
Ballaststoffe	5 g
Kalorien	567

Tips & Alternativen

Die Sauce läßt sich (allerdings ohne Anchovis) auch gut einfrieren.

Zutaten

für 4 Personen

400 g Spaghetti
500 g vollreife Fleischtomaten
4 eingel. Anchovis (aus dem Glas)
2 EL feine Kapern
100 g schwarze Oliven ohne Stein
1 Knoblauchzehe
1 kleine rote Chili
2 El Olivenöl
1 kleine Dose Tomatenmark
schwarzer Pfeffer (Mühle)
Jodsalz

Zubereitungszeit
25 Minuten

Frische-Check
Tomaten
Juli – Oktober

Getränketip
kräftiger Weißwein (Verdicchio)

Nährwerte (pro Portion)	
Vitamin E	22%
Fett	12
Ballaststoffe	6 g
Kalorien	490

Pasta alla capricciosa

1 Knoblauch schälen und fein hacken. Chili entkernen und in feine Ringe schneiden. Tomaten kurz mit kochendem Wasser überbrühen, die Haut abziehen und die Kerne entfernen. Tomatenfruchtfleisch kleinschneiden.

2 Öl in einem Topf erhitzen. Knoblauch und Chili darin andünsten. Tomaten und Tomatenmark zugeben. Den Sugo mit Salz und Pfeffer abschmecken, und bei schwacher Hitze 10 Minuten köcheln lassen.

3 Anchovis mit einer Gabel fein zerdrücken. Mit den übrigen Zutaten zur Tomatensauce geben und alles weitere noch 10 Minuten köcheln lassen.

4 Währenddessen die Nudeln in reichlich kochendem Salzwasser al dente kochen und abgießen. Sorgfältig mit der Sauce mengen, auf Teller verteilen und servieren.

extra-tip

Wenn die Zeit „reif" ist (August), sollten Sie für dieses Gericht unbedingt die aromatischen Eiertomaten, auch Flaschentomaten oder Romatomaten genannt, verwenden. Alternativ lieber zur Dose greifen. Treibhausware verwässert leicht den Geschmack.

Fenchel-Fettuccine

1 Fettuccine in sprudelndem Salzwasser nach Packungsanweisung al dente garen.

2 Fenchel und Paprika in Streifen schneiden. Olivenöl in einer großen Pfanne erhitzen. Gemüse darin anbraten. Mit Zitronensaft und Orangensaft ablöschen. Mit Honig, einer Prise Salz, Piment und Kurkuma würzen.

3 Nudeln abgießen und sofort unter das Gemüse heben. Kräuter waschen, trockentupfen. In dünne Streifen schneiden und die Fettuccine damit bestreuen.

Tips & Alternativen

Fenchelgrün eignet sich auch gut zur Dekoration von Gerichten.

extra-tip

In diesem Gericht sind einige der vitaminreichsten Gemüsesorten kombiniert. Doch außer Vitaminen enthalten Fenchel und Paprika auch blutbildendes Eisen und pflanzliche Wirkstoffe, die das Immunsystem stärken.

Zutaten
für 4 Personen

500 g weiße Fettuccine
2 Fenchelknollen (300 g)
je 1 rote und gelbe
Paprikaschote (à ca. 200 g)
3 EL Olivenöl
1 EL Zitronensaft
3 EL frisch gepreßter
Orangensaft
1 TL Honig
eine Prise Piment
1 TL Kurkuma
1 Bund Basilikum
1 Zweig Zitronenmelisse
Jodsalz

Zubereitungszeit
20 Minuten

Frische-Check
Paprika
ganzjährig

Getränketip
Weißwein
(Grüner Veltliner)

Nährwerte (pro Portion)

Vitamin C	280 %
Fett	10 g
Ballaststoffe	8 g
Kalorien	558

Zutaten
für 4 Personen

300 g Penne
250 g Büffelmozzarella
100 g Rauke
1 Bund Basilikum
1 Bund glatte Petersilie
60 g Pinienkerne
50 g geriebener Parmesan
40 ml Geflügelfond (aus dem Glas)
frisch geriebener Muskat
schwarzer Peffer (Mühle)
Jodsalz

Zubereitungszeit
20 Minuten

Frische-Check
Rauke
März – Oktober

Getränketip
Rotwein (Chianti)

Nährwerte (pro Portion)	
Kalzium	68 %
Fett	19 g
Ballaststoffe	5 g
Kalorien	540

Penne mit Rauke und **Büffelmozzarella**

1 Rauke, Basilikum, Petersilie, Pinienkerne und Parmesan in einem Mixer fein zerkleinern. Geflügelfond erhitzen, Paste damit glattrühren. Mit Salz, Pfeffer und Muskat abschmecken.

2 Penne in reichlich sprudelndem Salzwasser al dente kochen, gut abtropfen lassen und mit dem Raukepesto mischen. Mozzarella kleinschneiden und darauf anrichten. Groben Pfeffer darübermahlen und servieren.

Tips & Alternativen

Zur Abwechslung können Sie Parmesan auch durch den aromatischeren Pecorino ersetzen.

extra-tip

Der in Deutschland angebotene Mozzarella wird nur selten aus Büffelmilch hergestellt. Doch die Suche lohnt sich! Den feinen Geschmack und die weich-saftige Konsistenz entfaltet er am besten bei Raumtemperatur oder zusammen mit heißen Nudeln.

Tagliatelle mit **Thunfisch-Estragon-Gemüse**

extra-tip

Thunfisch in Dosen schwimmt heute nicht mehr unbedingt in Öl, sondern immer öfter in Wasser. Das hat den Vorteil, daß der Fettanteil viel geringer ist. Sollten Sie den Fisch nur in Öl bekommen, dieses abgießen, Thunfisch kurz unter kaltem Wasser abspülen und mit Küchenkrepp trockentupfen.

Tips & Alternativen

Estragon würzt sehr stark, deshalb am besten nach und nach dosieren und probieren.

1. Reichlich Salzwasser für die Nudeln zum Kochen bringen. Paprika und Fenchel putzen, halbieren, Stiel, Samen und Trennwände der Paprika entfernen, beide Gemüsesorten waschen und in Streifen schneiden. Knoblauch pellen. Öl in einer beschichteten Pfanne erhitzen, Gemüse zugeben und anschwitzen, Knoblauch dazupressen, umrühren. Mit Brühe ablöschen und zugedeckt 6 Minuten dünsten.

2. Nudeln ins sprudelnde Wasser geben und nach Packungsangabe al dente kochen. Inzwischen Thunfisch abgießen und mit Küchenkrepp abtupfen, in mundgerechte Stücke zerteilen. Estragon kalt abbrausen, Blättchen vom Stiel zupfen und grob hacken.

3. Senf unter das Gemüse rühren, Fisch und Estragon dazugeben, vorsichtig mengen, salzen und pfeffern. Nudeln abgießen, abtropfen lassen und mit dem Thunfischgemüse vermengen. Auf 4 Teller verteilen, sofort servieren.

Zutaten
für 4 Personen

400 g Tagliatelle
300 g Thunfisch aus der Dose (naturell)
je 1 rote und gelbe Paprika
1 Fenchelknolle
2 Knoblauchzehen
1 TL Olivenöl
3 EL Gemüsebrühe
1 TL Dijon-Senf
3 Zweige Estragon
schwarzer Pfeffer (Mühle)
Jodsalz

Zubereitungszeit
25 Minuten

Frische-Check
Estragon
März – Oktober

Getränketip
kühles Bier

Nährwerte (pro Portion)

Vitamin A	60 %
Fett	12 g
Ballaststoffe	8 g
Kalorien	520

Lumacone mit **Löwenzahn** und Putenbrust

Zutaten
für 4 Personen

300 g Lumacone
150 g geräucherter Putenbrust-Aufschnitt
100 g Löwenzahnsalat
1 kleiner Zucchino (150 g)
2 Papaya
2 Kästchen Kresse
4 EL Öl
3 EL Sherryessig
1 TL Honig
1 TL Curry
1 Prise Piment
Jodsalz

Zubereitungszeit
15 Minuten

Frische-Check
Löwenzahn
Mai – August

Getränketip
gut gekühlter Prosecco

Nährwerte (pro Portion)	
Eisen	31 %
Fett	10 g
Ballaststoffe	5 g
Kalorien	423

1. Nudeln in sprudelndem Salzwasser nach Packungsanweisung al dente kochen.

2. Putenbrust-Aufschnitt in dünne Streifen schneiden. Löwenzahn waschen, etwas kleinschneiden. Zucchino waschen, abtrocknen und in dünne Scheiben hobeln. Papaya schälen, Kerne entfernen und das Fruchtfleisch in Spalten schneiden. Mit Löwenzahn und Zucchino auf einer Platte anrichten.

3. Kresse mit der Küchenschere in ein Sieb schneiden, abspülen und trockenschütteln. Sherryessig, Honig, Curry, Piment, eine Prise Salz und Kresse verrühren. Öl löffelweise unterrühren.

4. Nudeln abgießen. Mit Putenbruststreifen mischen und auf dem Salat anrichten. Alles mit dem Dressing beträufeln.

Tips & Alternativen

Lumacone (Schnecken) kann man auch durch die gängigeren Conchiglie (Muscheln) ersetzen.

Löwenzahn

Löwenzahnsalat gibt es in gut sortierten Gemüsegeschäften. Es handelt sich hier um ein Zuchtgemüse. Der wildwachsende Löwenzahn kann natürlich grundsätzlich auch für Salat verwendet werden. Weil aber viele Weiden und Wegränder durch Abgase und Überdüngung verschmutzt sind, würden wir das Sammeln nicht unbedingt empfehlen.

Pfeffrige Lumacone mit Salbei und Schafkäse

1. Nudeln in sprudelndem Salzwasser nach Packungsanweisung al dente kochen.
2. Salbei und Basilikum waschen, trockentupfen. Schalotten pellen, in Ringe schneiden. Paprika waschen, trockentupfen und fein würfeln.
3. Öl in einer großen Pfanne erhitzen. Salbeiblätter darin kroß braten, herausnehmen. Schalotten und Paprika darin anbraten. Nudeln abgießen, untermischen. Pfefferkörner und Salbeiblätter unterheben. Mit Salz vorsichtig abschmecken.
4. Schafkäse würfeln. Basilikum in Streifen schneiden. Lumacone damit bestreuen.

extra-tip

Kennen Sie den eingelegten grünen Pfeffer? Hier werden die Körner besonders schnell getrocknet und sofort in Salzlake eingelegt. So bewahren sie ihre frische grüne Farbe. Das Aroma ist leicht zitronig-herb und sie sind nicht so scharf wie die weißen oder schwarzen Körner.

Tips & Alternativen

Für dieses Gericht eignet sich auch der cremige Schafkäse vom türkischen Gemüsehändler.

Zutaten
für 4 Personen

300 g Lumacone
1 kleine rote Paprika
(ca. 100 g)
200 g Schalotten
50 g Schafkäse
12 Salbeiblättchen
3 Zweige Basilikum
4 EL Olivenöl extra vergine
2 EL eingelegte grüne
Pfefferkörner
Jodsalz

Zubereitungszeit
15 Minuten

Frische-Check
Schalotten
ganzjährig

Getränketip
Mineralwasser

Nährwerte (pro Portion)

Vitamin C	53%
Fett	13 g
Ballaststoffe	5 g
Kalorien	400

Zutaten
für 4 Personen

100 g Glasnudeln
300 g Putenbrustfilet
50 g Shiitake-Pilze
je 1 kleine rote
und gelbe Paprika
1/4 Salatgurke
2 Stangen Bleichsellerie
1 Frühlingszwiebel
20 g Mungo-
bohnensprossen
1 rosé Grapefruit
3 TL Sojaöl, 1 TL Sesamöl
1 TL Reiswein
1 TL Limettensaft
1 EL Speisestärke
1 TL Sesamkörner
1 TL Tandooripulver
(Asia-Laden)
eine Prise Cayennepfeffer
eine Messerspitze
Kreuzkümmel
weißer Pfeffer (Mühle)
2 TL Salz

Zubereitungszeit
30 Minuten

Frische-Check
Shiitake-Pilze
Oktober – März

Getränketip
Chinesisches Tsing-Tao-Bier

Nährwerte (pro Portion)	
Vitamin C	98 %
Fett	9 g
Ballaststoffe	4 g
Kalorien	240

Chinesischer Glasnudelsalat

1. Nudeln ca. 5 Minuten in kaltem Wasser einweichen. Mit einer Schere kleinschneiden und in kochendem Wasser 5 Minuten ziehen lassen. Limettensaft, Reiswein, Gewürzmischung, Cayennepfeffer, Kreuzkümmel, 2 TL Salz und Sesamöl verrühren. Nudeln gründlich abtropfen lassen und mit der Marinade mischen. Abkühlen lassen.

2. Pilze in 1 TL Sojaöl kurz anbraten, herausnehmen. Paprika, Gurke, Sellerie und Frühlingszwiebel kleinschneiden. Sprossen kurz mit heißem Wasser abspülen, abtropfen lassen. Grapefruit schälen und dabei die weiße Haut entfernen. Filets zwischen den Trennhäuten herausschneiden. Sesam in einer Pfanne ohne Fett kurz anrösten, herausnehmen.

3. Filet abspülen, trockentupfen und in Streifen schneiden. Putenbrust würzen und in der Stärke wenden. Restliches Sojaöl erhitzen, Putenbrust darin von allen Seiten knusprig braten. Glasnudeln und Gemüse mengen, nochmals mit Salz, Pfeffer und evtl. Reisessig abschmecken. Putenbrust darauf anrichten.

extra-tip

Je nach Hersteller ist die Zubereitung von Glasnudeln etwas unterschiedlich, deshalb immer auf die Packungsangabe achten. Die Marinade extra-würzig abschmecken, da die Nudeln reichlich Würze vertragen. Das Würzöl Sesamöl jedoch sparsam dosieren.

Tips & Alternativen

Die Shiitake-Pilze können auch durch unsere heimischen Champignons ersetzt werden.

Vermicelli mit Herzmuscheln

extra-tip

Die feinen chinesischen Eiernudeln erhalten Sie in jedem Asia-Laden oder in der „Exoten"-Ecke gut sortierter Supermärkte. Sie sind sehr schnell gar und sollten keineswegs zu lange gekocht werden – nach ca. 2 Minuten haben die Nudeln idealen Biß.

1 Muscheln in reichlich kaltem Wasser gründlich bürsten, offene Muscheln wegwerfen. Speck in feine Streifen schneiden, mit 1 TL Öl in einem großen Topf knusprig braten. Knoblauch zum Öl pressen, kurz bräunen, Muscheln, Bohnen und Thymian zugeben und kurz anschwitzen. Mit Weißwein ablöschen, zugedeckt bei geringer Hitze 5 Minuten garen, bis sich die Muscheln geöffnet haben. Ungeöffnete Muscheln entfernen.

2 Währenddessen die Tomate kreuzweise einritzen, mit kochendem Wasser überbrühen, häuten und halbieren. Kerne und Stielansatz entfernen, Fruchtfleisch würfeln, beiseite stellen. Die Eiernudeln in kochendem Salzwasser al dente garen, abgießen und abschrecken.

3 Muscheln aus dem Sud nehmen, geschlossene Schalen wegwerfen, einige Muscheln zum Garnieren beiseite legen, aus den restlichen Schalen das Muschelfleisch lösen. Sud durch ein Haarsieb gießen, Nudeln und Tomatenstücke dazugeben, bei starker Hitze aufkochen, Muscheln zugeben, alles kräftig abschmecken. Gericht auf 4 tiefe Teller verteilen, mit den übrigen Muscheln dekorieren und sofort servieren.

Tips & Alternativen

Muscheln am besten einige Stunden vor der Zubereitung wässern. Das Wasser mehrmals wechseln; dadurch entfernt man den Sand, der sich in den Schalen verfangen hat.

Zutaten

für 4 Personen

300 g feine chinesische Eiernudeln
750 g Herzmuscheln (ca. 32 Stück)
2 dünne Scheiben Bacon (ca. 25g)
3 EL chinesische schwarze Sojabohnen
1 Fleischtomate
1 TL Olivenöl extra vergine
120 ml Weißwein
1 Knoblauchzehe,
1 Zweig Thymian
schwarzer Pfeffer (Mühle)
Jodsalz

Zubereitungszeit

30 Minuten

Frische-Check

Thymian
Mai – September

Getränketip

gut gekühltes Pils

Nährwerte (pro Portion)

Eisen	115 %
Fett	13 g
Ballaststoffe	5 g
Kalorien	537

Tagliatelle mit sugo di pomodoro

Zutaten
für 4 Personen

300 g Tagliatelle
1 kg vollreife Flaschentomaten
3 Schalotten
1 EL Olivenöl extra vergine
4 EL Gemüsebrühe
1 TL Ahornsirup
1 Bund Basilikum
je 1 Zweig Rosmarin und Thymian
4 Knoblauchzehen
1 Lorbeerblatt
schwarzer Pfeffer (Mühle)
Jodsalz

Zubereitungszeit
35 Minuten

Frische-Check
Tomaten
April – Oktober

Getränketip
einfacher, kräftiger Rotwein

Nährwerte (pro Portion)	
Vitamin C	86 %
Fett	11 g
Ballaststoffe	6 g
Kalorien	424

1. Die Tomaten waschen und halbieren, Stielansätze und Kerne entfernen, Fruchtfleisch grob in Stücke schneiden. Die Schalotten und den Knoblauch pellen, fein hacken. Das Basilikum kurz unter kaltem Wasser abbrausen, trockenschütteln. Die Blättchen vom Stiel zupfen und fein hacken, etwa 2 EL zur Garnierung beiseite stellen.

2. Die Tagliatelle in einem großen Topf mit sprudelndem Salzwasser al dente kochen.

3. Währenddessen 1 TL Öl mit Schalottenwürfeln und Knoblauch in einem großen Topf erhitzen und glasig dünsten. Tomaten, Kräuter und Lorbeer zugeben. Brühe angießen, 5 Minuten kräftig kochen lassen, durch ein Sieb streichen, mit Salz und Pfeffer kräftig würzen und mit Ahornsirup abschmecken. Den Sugo 20 Minuten köcheln lassen, bis er auf die Hälfte reduziert ist.

4. Die, Pasta abgießen und etwas abtropfen lassen. Mit der Sauce auf 4 Tellern anrichten, das restliche Basilikum als Garnierung darüberstreuen und gleich servieren.

variation

Spaghetti aglio e olio
(Für 4 Personen)

5 Knoblauchzehen
2 rote Chillies
5 EL Olivenöl extra vergine
schwarzer Pfeffer (Mühle)
Jodsalz

Zubereitung

1. *Knoblauch pellen und fein hacken. Chillies längs aufritzen, Kerne und Stiel entfernen. Schoten in sehr feine Streifen schneiden.*

2. *Öl im Topf oder tiefer Pfanne erhitzen, Knoblauch dazupressen, Chilischoten kurz mit anbraten. Mit al dente gekochter Pasta mengen und gleich servieren.*

Tips & Alternativen

Wenn Sie mehr Zeit haben, probieren Sie zu diesem Gericht selbstgemachte Nudeln!

extra-tip

Den Sugoklassiker können Sie einfrieren oder in einem Schraubglas mit Öl bedeckt einige Tage im Kühlschrank aufbewahren.

Vollkorngnocchi mit **Basilikumcreme**

extra-tip

Pesto kann man auch im Mörser herstellen: Dazu die Zutaten wie beschrieben vorbereiten, dann im Mörser sorgfältig mengen und zu einer glatten Paste zerstossen. Nach und nach Öl und Brühe einarbeiten. Im Kühlschrank hält sich der mit Öl „versiegelte" Pesto dann einige Wochen im Schraubglas.

1. Die Gnocchi in sprudelndem Salzwasser nach Packungsangabe al dente kochen.

2. Knoblauchzehen pellen und grob hacken. Basilikum kalt abbrausen, trockenschütteln, Blättchen vom Stiel zupfen. Käse fein reiben. Vorbereitete Zutaten mit den Pinienkernen in den Mixer geben und zerkleinern.

3. Nach und nach das Öl und die Brühe einarbeiten, bis die Sauce die gewünschte cremige Konsistenz besitzt.

4. Das Pesto mit den abgetropften Nudeln mengen. Bei Wunsch mit halbierten Kirschtomaten garnieren und gleich servieren.

Zutaten
für 4 Personen

300 g VK-Gnocchi
einige Kirschtomaten
2 große Bund Basilikum
je 40 g Pecorino
und Parmesan
40 g Pinienkerne
4 Knoblauchzehen
2 EL Olivenöl extra vergine
4 EL Gemüsebrühe
Pfeffer (Mühle), Jodsalz

Zubereitungszeit
15 Minuten

Frische-Check
Basilikum
Juni – September

Getränketip
trockener Weißwein
oder Weizenbier

Nährwerte (pro Portion)	
Niacin	44 %
Fett	18 g
Ballaststoffe	2 g
Kalorien	217

Tips & Alternativen

Hierzu paßt natürlich auch ein selbstgemachter sugo di pomodoro.

Penne mit gegrilltem Gemüse

Zutaten
für 4 Personen

300 g Penne
12 Kirschtomaten
1 Chili, 1 Zucchino
1 Fenchelknolle
100 g gemischte Pilze
(z. B Champignons,
Shiitake und Austernpilze)
2 Knoblauchzehen
1 Packung (370 ml)
Tomatensauce
etwas frischer Thymian
und Rosmarin
glatte Petersilie
zum Garnieren
schwarzer Pfeffer (Mühle)
Jodsalz

Zubereitungszeit
30 Minuten

Frische-Check
Rosmarin
Mai – Oktober

Getränketip
fruchtiger Weißwein
(Riesling)

Nährwerte (pro Portion)

Vitamin C	45 %
Fett	5 g
Ballaststoffe	5 g
Kalorien	340

1 Die Nudeln in sprudelndem Salzwasser nach Packungsangabe al dente kochen.

2 Den Knoblauch und die Chilischote fein hacken. Zucchino, Fenchel und Pilze kleinschneiden. Das Gemüse in einer beschichteten Pfanne ohne zusätzliches Fett anbraten. Knoblauch und Kräuter zugeben. Mit Salz und Pfeffer würzen.

1 In einem separaten Topf Tomatensauce und Chili erhitzen. Die Pasta abgießen, abtropfen lassen und mit der Tomatensauce und den Kirschtomaten mengen. Gemüse darauf anrichten. Petersilie hacken und darüberstreuen.

extra-tip

Versuchen Sie das Gericht auch mit frischen Nudeln, die Sie abgepackt im Kühlregal von Supermärkten oder italienischen Spezialitätengeschäften bekommen. Sie halten sich 3-4 Tage im Kühlschrank.

Nudelnester mit Tomaten und Sardellen

Tips & Alternativen

Eine geschmackliche und optische Alternative zum Gemeinen Thymian ist Zitronenthymian.

extra-tip

Sardellen werden in hochkonzentrierter Salzlake konserviert. Wem der Salzgeschmack zu intensiv ist, kann die Fische vor dem Verarbeiten 30 Minuten in kaltem Wasser ziehen lassen oder in Milch einweichen und abspülen.

1. Nudeln in sprudelndem Salzwasser nach Packungsanweisung al dente kochen.

2. Tomaten in dünne Streifen schneiden. Öl in einer großen Pfanne erhitzen. Schalotte und Knoblauch pellen, würfeln und mit den Tomatenstreifen im Öl anbraten.

3. Sardellen unterheben. Thymian waschen, Blättchen abrebeln und zufügen.

4. Die Nudeln abgießen, abtropfen lassen und auf einer vorgewärmten Platte anrichten. Mit der Tomaten-Sardellensauce überziehen und mit Pfeffer und Piment würzen.

Zutaten
für 4 Personen

400 g grüne aufgerollte Tagliatelle
50 g Sardellenfilets (aus dem Glas)
1 Schalotte
150 g getrocknete Tomaten in Öl
5 EL Öl (von den Tomaten)
2 Knoblauchzehen
5 Zweige Thymian
1 Prise Piment
schwarzer Pfeffer (Mühle)
Jodsalz

Zubereitungszeit
15 Minuten

Frische-Check
Knoblauch
Mai – Juni

Getränketip
kräftiger Rotwein (Côte du Rhône)

Nährwerte (pro Portion)

Niacin	28 %
Fett	15 g
Ballaststoffe	4 g
Kalorien	375

Zutaten
für 4 Personen

400 g Tagliatelle
150 g Gorgonzola
1 mittelgroßer Zucchino
(ca. 300 g), 2 Nektarinen
frisch gepreßter
Saft einer Orange
1 Prise gem. Koriander
3 Zweige Minze
1 TL Honig, 2 EL Pinienkerne
weißer Pfeffer, Jodsalz

Zubereitungszeit
15 Minuten

Frische-Check
Nektarinen
Mai – September

Getränketip
Mineralwasser

Nährwerte (pro Portion)

Eisen	33 %
Fett	19 g
Ballaststoffe	5 g
Kalorien	594

Gratin mit Tagliatelle und Gorgonzola

Tips & Alternativen

Minze läßt sich leicht ziehen und gedeiht auch auf schattigen Balkonen prächtig.

extra-tip

Wer eine Pfanne mit ofenfesten Griffen besitzt, spart bei diesem Gericht Zeit. Einfach das Gemüse im Saft schon in der Pfanne dünsten, dann Nudeln unterheben und ab in den Backofen!

1 Tagliatelle in sprudelndem Salzwasser nach Packungsanweisung al dente kochen.

2 Zucchini und Nektarinen waschen, trockentupfen. Zucchini in Scheiben hobeln. Nektarinen halbieren, entkernen und in dünne Spalten schneiden. Minze waschen, Blättchen abzupfen. Alles zusammen mit Orangensaft in einen Topf füllen. 5 Minuten dünsten. Mit Honig, Pfeffer und Koriander würzen.

3 Nudeln abgießen und in eine flache Gratinform füllen. Zucchini und Nektarinen untermischen. Mit Sud beträufeln. Gorgonzola zerbröckeln, zufügen. Gericht mit Pinienkernen bestreuen und unter dem Grill kurz gratinieren.

Zutaten
für 4 Personen

400 g Fettuccine
300 g TK-Erbsen extra fein
1 TL Honig, etwas Macis
(Muskatblütenflocken)
1 Prise Piment
1 große vollreife Birne
1 EL Zitronensaft
1 Bund Basilikum
3 Zweige Zitronenmelisse
3 EL Walnußöl, Jodsalz

Zubereitungszeit
15 Minuten

Frische-Check
Birne
August – Dezember

Getränketip
leichter Weißwein

Nährwerte (pro Portion)

Vitamin C	38 %
Fett	9 g
Ballaststoffe	8 g
Kalorien	516

Fettuccine mit **Erbsenpesto** und Birnen

1 Fettucine in sprudelndem Salzwasser nach Packungsanweisung al dente kochen.

2 100 ml Wasser in einem Topf aufkochen. Erbsen darin mit einer Prise Salz, Honig und Gewürzen 6 Minuten dünsten.

3 Birne schälen und fein würfeln. Sofort mit Zitronensaft beträufeln. Kräuter waschen, trockentupfen und in Streifen schneiden. Erbsen mit dem Pürierstab pürieren, dabei das Öl unterziehen. Kräuter und Birnenwürfel unterheben. Nudeln abgießen und sofort unterheben.

Tips & Alternativen

Wer mag, kann den Pesto mit einer Spur Birnengeist abschmecken.

extra-tip

Macis, die Muskatblüte, stammt von der Frucht eines südostasiatischen Baums. Der walnußgroße Fruchtkern – der Muskat – ist von einem hellorangefarbenen Mantel umgeben, der Blüte. Im Geschmack ist Macis etwas süßer.

extra-tip

Damit Ihre Nudelgerichte schön heiß auf den Tisch kommen, wärmen Sie eine große Pastaschüssel einfach mit dem aufgefangenen Nudelkochwasser an.

Pfirsichpesto zu Tagliatelle

1 Tagliatelle in sprudelndem Salzwasser nach Packungsanweisung al dente kochen. Pfirsiche mit heißem Wasser überbrühen und die Haut abziehen. Früchte halbieren, entsteinen und je eine Hälfte in Spalten schneiden.

2 Knoblauch pellen, vierteln. Chili waschen, aufschneiden und entkernen. Kräuter waschen und trockenschütteln. Alles zusammen mit den Pfirsichhälften in eine Rührschüssel geben und mit dem Pürierstab pürieren. Öl dabei langsam zufügen. Mit Pfeffer und Honig abschmecken.

3 Mandelblättchen in einem Stieltopf ohne zusätzliches Fett bräunen. Nudeln abgießen. Sofort mit dem Pfirsichpesto mischen. Mit Fruchtspalten und Mandelblättchen anrichten.

Tips & Alternativen

Eine saisonale Alternative zu gelben Pfirsichen sind aromatische weiße Pfirsiche.

Zutaten
für 4 Personen

400 g Tagliatelle
Jodsalz
4 kleine Pfirsiche
1 Knoblauchzehe
1 Chilischote
je 1 Bund Petersilie, Dill und Schnittlauch
1 Töpfchen Koriander
4 EL Olivenöl
weißer Pfeffer
1 TL Honig
4 TL Mandelblättchen

Zubereitungszeit
25 Minuten

Frische-Check
Pfirsiche
Juni – September

Getränketip
gut gekühlter Prosecco

Nährwerte (pro Portion)	
Vitamin A	22 %
Fett	11 g
Ballaststoffe	6 g
Kalorien	517

Zutaten
für 4 Personen

500 g Penne tricolore
150 g Thunfisch naturell (aus der Dose)
1 große rote Paprika (ca. 250 g)
10 Kapernäpfel (aus dem Glas)
ca. 1 Bund glatte Petersilie
3 EL Olivenöl extra vergine
1 EL Senf
weißer Pfeffer
Jodsalz

Zubereitungszeit
20 Minuten

Frische-Check
Paprika
ganzjährig

Getränketip
fruchtiger Rotwein

Nährwerte (pro Portion)	
Vitamin C	116 %
Fett	10g
Ballaststoffe	5 g
Kalorien	559

extra-tip

So wird aus einem einfachen Gericht ein schnelles Gäste-Essen: Olivenöl mit gehacktem Knoblauch, Petersilie und Basilikum verrühren. Ein Baguette an der Oberseite einritzen und die Creme in die Spalten füllen. Knusprig backen und noch heiß servieren.

Penne Tricolore mit **Thunfischcreme**

1. Nudeln in sprudelndem Salzwasser nach Packungsanweisung al dente kochen.

2. Paprika unter dem vorgeheizten Grill einige Minuten bräunen, kalt abspülen und die Haut abziehen. Kerne und Rippen entfernen, Fruchtfleisch in kleine Rauten schneiden.

3. Thunfisch und Senf mit dem Pürierstab pürieren. Öl nach und nach einarbeiten. Mit Pfeffer abschmecken. Kapernäpfel halbieren. Zusammen mit den Paprikarauten unter die Thunfischcreme ziehen.

4. Nudeln abgießen, unter die Creme heben. Petersilie waschen, trockentupfen und hacken. Thunfischnudeln damit bestreuen.

Tips & Alternativen

Die knackig-pikanten Kapernäpfel passen auch gut aufs Vorspeisenbuffet.

extra-tip

Petersilienwurzel ist meist Bestandteil des Suppengrüns. Als Gemüse findet man sie auf gutsortierten Märkten und kann sie beim „Grünhöker" vorbestellen. Sie gibt auch Blattsalaten Pfiff.

Champignonnudelsalat mit **Petersilienvinaigrette**

1. Nudeln in sprudelndem Salzwasser nach Packungsanweisung al dente kochen.

2. Zitrone auspressen. Saft mit Himbeeressig und Honig verrühren. Petersilienwurzel schälen, abspülen und fein raspeln. Zur Marinade geben. Mit Salz, Pfeffer und Edelsüß-Paprika würzen. Weizenkeimöl unterschlagen. Champignons putzen und in Scheiben schneiden. Sofort in die Marinade geben.

3. Zuckerschoten waschen, 1 Minute blanchieren, abtropfen lassen. Nudeln abgießen, abtropfen lassen. Beides zu den Champignons geben. Vorsichtig mischen. Petersilie und Estragon waschen, trockentupfen und in Streifen schneiden. Kirschtomaten waschen und halbieren. Salat mit Kräutern und Tomaten anrichten.

Tips & Alternativen

Essigsorten, die mit Beeren aromatisiert sind, verbinden sich geschmacklich besonders gut mit Gemüse.

Zutaten
für 4 Personen

300 g Vollkornspiralen
200 g Champignons
200 g Zuckerschoten
5 Kirschtomaten
2 EL Weizenkeimöl
1 Zitrone
2 EL Himbeeressig
1 TL Honig
1 Petersilienwurzel
1 Bund glatte Petersilie
3 Zweige Estragon
1 Messerspitze Edelsüß-Paprika
weißer Pfeffer
Jodsalz

Zubereitungszeit
30 Minuten

Frische-Check
Zuckerschoten
April – Juni

Getränketip
kühles Bier

Nährwerte (pro Portion)	
Vitamin B1	50 %
Fett	7 g
Ballaststoffe	11 g
Kalorien	356

Pasta mit Basilikum

Zutaten
für 4 Personen

400 g Bandnudeln
2 große Bund Basilikum
2 Tomaten
60 g Parmesan
2 EL Olivenöl extra vergine
2 EL Zitronensaft
1 EL Weißweinessig
3 Knoblauchzehen
2 EL Pinienkerne
einige Minzeblättchen
1 EL gehackte Petersilie
schwarzer Pfeffer (Mühle)
Jodsalz

Zubereitungszeit
30 Minuten

Frische-Check
Basilikum
Juni – September

Getränketip
spritziger Weißwein

Nährwerte (pro Portion)	
Magnesium	52 %
Fett	17 g
Ballaststoffe	13 g
Kalorien	511

1. Nudeln nach Packungsangabe in reichlich sprudelndem Salzwasser al dente kochen. Pinienkerne in einer Pfanne ohne Fett goldbraun rösten.

2. Basilikum abbrausen, einige Blättchen beiseite stellen, die übrigen grob zerteilen. Knoblauch pellen, mit 1 EL Pinienkerne hacken. Alles im Mörser mit Salz zur Paste rühren. Parmesan fein reiben und portionsweise einarbeiten, Öl unter ständigem Rühren unterziehen. Mit Zitrone und Essig abschmecken.

3. Minze abbrausen, in Streifen schneiden, Tomaten waschen, Stielansatz entfernen, zerkleinern. Nudeln abgießen, dabei 3-4 EL Kochwasser auffangen und mit der Sauce mengen. Mit den vorbereiteten Zutaten garnieren.

Tips & Alternativen

Ein wunderbarer, schnell zubereiteter Zwischengang fürs italienische Menü. Den Pesto bereiten Sie vor, die Nudeln kochen Sie frisch.

variation

Spaghetti in Kräuter-Peperoni-Öl
(Für 4 Personen)

500 g Spaghetti
Jodsalz
4 Knoblauchzehen
je 1 Bund Petersilie, Thymian und Oregano
2 rote Peperoni
10 milde eingelegte grüne Peperoni
6 EL Olivenöl extra vergine
1 EL Zitronensaft
4 EL gehobelter Parmesan

Zubereitung

1. *Nudeln kochen. Knoblauch pellen und fein würfeln. Kräuter waschen und trockenschütteln. Peperoni waschen, längs aufschneiden und entkernen. Schoten in sehr feine Ringe schneiden. Eingelegte Peperoni abtropfen lassen.*

2. *Öl mit Kräutern, Knoblauch, Peperoni und Zitronensaft verschlagen. Nudeln abgießen. Sauce unterziehen. Mit Parmesan bestreuen.*

extra-tip

Probieren Sie auch einmal Pesto aus feingehackten Walnüssen und Pecorino. Dazu paßt dann statt Olivenöl noch besser Walnußöl.

extra-tip

Zuchtpilze, wie z.B. Champignons sind in der Regel sehr sauber, so daß es genügt, sie mit einem kleinen Messer zu putzen und dann mit einem weichen, feuchten Tuch abzureiben. Pilze ziehen sehr leicht Wasser, deshalb nicht waschen. Ausnahme: sehr sandige Pfifferlinge.

Spaghetti mit **Pilzsauce**

1 Reichlich Salzwasser für die Nudeln aufkochen. Zitrone auspressen, Saft beiseite stellen. Champignons putzen und mit einem feuchten Tuch vorsichtig abreiben, Stielenden abschneiden, Pilze in feine Scheiben schneiden, sofort mit 2 EL Zitronensaft beträufeln. Zwiebeln pellen und fein würfeln.

2 Nudeln ins siedende Wasser geben, nach Packungsangabe al dente garen. Öl in einem Topf erhitzen, Zwiebel und Champignons zugeben, anschwitzen. Gemüsebrühe angießen und 3 Minuten leise köcheln lassen.

3 Währenddessen die Petersilie unter kaltem Wasser abbrausen, trockenschütteln, Blättchen vom Stiel zupfen und fein hacken. Mit dem Schmand unter die Sauce rühren, mit Salz und Pfeffer abschmecken. Parmesan fein reiben und beiseite stellen.

4 Nudeln abgießen, gut abtropfen lassen, mit der Sauce vermengen, auf 4 Teller verteilen, mit Parmesan bestreuen und sofort servieren.

Tips & Alternativen

Mit einem kleinen Blattsalat eine schnelle, vollwertige Hauptmahlzeit.

Zutaten

für 4 Personen

400 g Vollkornspaghetti
500 g Champignons
2 Zwiebeln
1 EL Olivenöl extra vergine
2 EL Schmand
150 ml Gemüsebrühe
1 Zitrone
1 Bund Petersilie
30 g Parmesan
schwarzer Pfeffer (Mühle)
Jodsalz

Zubereitungszeit
20 Minuten

Frische-Check
Champignons
ganzjährig

Getränketip
Weißwein (Riesling)

Nährwerte (pro Portion)	
Vitamin B2	43 %
Fett	11 g
Ballaststoffe	15 g
Kalorien	450

Chinesische Spaghetti mit **Koriander**

Zutaten
für 4 Personen

200 g dünne lange chinesische Eiernudeln
150 g Lauch, 150 g Brokkoli
2 rote Peperoni
100 g Bambussprossen (aus der Dose)
50 g getrocknet Tongku-Pilze
1 nußgroßes Stück Ingwer
2 EL Öl, 1 TL Chiliöl
2 EL Reisessig, eine Messerspitze Honig
1 TL Speisestärke
1 Bund Koriandergrün
1 TL Korianderkörner
1 TL Kurkuma
Jodsalz

Zubereitungszeit
20 Minuten

Frische-Check
Koriandergrün
ganzjährig

Getränketip
Mineralwasser mit Zitronenschnitz

Nährwerte (pro Portion)	
Selen	171 %
Fett	9 g
Ballaststoffe	5 g
Kalorien	283

1 Tongku-Pilze in Wasser einweichen. Lauch und Brokkoli waschen, putzen und in dünne Scheiben schneiden. Peperoni aufschneiden, entkernen, abspülen und fein hacken. Bambussprossen fein schneiden. Ingwer schälen, fein würfeln.

2 Öl in einer großen Pfanne oder im Wok erhitzen. Gemüse mit Peperoni und Ingwer darin braten. Eingeweichte Pilze halbieren, zufügen. Mit Speisestärke bestäuben. 200 ml Einweichwasser angießen. Korianderkörner im Mörser grob zerstoßen und zugeben.

3 Nudeln in kochendem Wasser 3-5 Minuten garen. Gemüse mit Reisessig, Honig, Kurkuma, Salz und Chiliöl würzen. Nudeln abgießen, unterheben. Koriandergrün abspülen, grob zerhacken und die Gemüsenudeln damit anrichten.

Tips & Alternativen

Tongku-Pilze sind getrocknete Shiitake-Pilze. Man findet sie oft in guten Supermärkten.

extra-tip

Chinesische Eiernudeln gibt es in verschiedenen Sorten. Einige davon sind für unseren Geschmack recht kräftig gesalzen. Sicherheitshalber also lieber ohne Salz kochen, und erst das fertige Gericht nachsalzen.

Chinesische Spaghetti mit **Putenbrust** und Curry

koriander

Koriander ist ein ganz vielseitiges Gewürz, das aus Asien zu uns kommt. Koriander kennen wir aus der Weihnachtsbäckerei als Bestandteil des Spekulatiusgewürzes. In der modernen Küche gibt seine süßlich-milde Würze vor allem Gemüsegerichten den letzten Schliff. Am haltbarsten sind die ganzen Korianderkörner, die vor dem Gebrauch im Mörser zerstoßen werden. Es gibt ihn aber auch gemahlen zu kaufen. In der asiatischen Küche ist Koriandergrün ein Muß. Wie bei uns mit Petersilie, werden dort viele Gerichte mit den zarten Blättchen verfeinert. Hier ist Koriandergrün noch nicht so verbreitet. Man kann es aber aus den Gewürzkörnern im Blumentopf selber ziehen.

1. Die Nudeln in sprudelndem Wasser nach Packungsanweisung al dente kochen.
2. Das Putenbrustfilet in feine Streifen schneiden. Den Lauch in dünne Julienne-Streifen schneiden und waschen. Die Möhren bei Bedarf schälen, waschen und ebenfalls in dünne Julienne- Streifen schneiden. Ananas schälen und würfeln. Den Schnittknoblauch waschen und in Röllchen schneiden.
3. Das Öl in einer großen Pfanne erhitzen. Alle Gemüsezutaten unter Rühren 3 Minuten anbraten. 100 ml Wasser mit der Currypaste verrühren und zugeben.
4. Die Nudeln abgießen und mit einem Küchenhandtuch bedecken, damit sie sorgfältig abtropfen können und nicht auskühlen.
5. Die Nudeln unter das Gemüse ziehen. Auf Teller verteilen und noch dampfend-heiß servieren.

extra-tip

Die Asia-Läden bieten verschiedene Currypasten an. Diese Würzpasten auf Sojabasis sind vor allem typisch für die thailändische Küche. Aber Vorsicht: Sie sind sehr scharf! Lieber in kleinen Mengen verwenden und bei Bedarf nachwürzen.

Tips & Alternativen

Baby-Ananas sind wirklich winzig. Eine große Ananas liefert gleich den Nachtisch.

Zutaten
für 4 Personen

400 g chinesische Eierbandnudeln
200 g Putenbrustfilet
200 g Lauch
3 Möhren
1 Baby-Ananas
1 Bund Schnittknoblauch
2 EL Öl
2 EL grüne Currypaste

Zubereitungszeit
20 Minuten

Frische-Check
Ananas
ganzjährig

Getränketip
leichter Weißwein (Sauvignon)

Nährwerte (pro Portion)	
Eisen	24 %
Fett	8 g
Ballaststoffe	5 g
Kalorien	450

Energie *laden*

Vollkorn, Dinkel, Fisch, frische Kräuter, pikante Saucen und – Gemüse, Gemüse, Gemüse. Jedes Rezept ein wahres Powerpaket, das den Körper so richtig auf Touren bringt und dabei auf dicke Fettzugaben verzichtet. Hier tanken Sie gesunde Nährstoffe, so wie wir es uns vorstellen: frisch, pfiffig, innovativ, unkompliziert und natürlich schmackhaft. Denn was gesund ist, darf auch prima schmecken. Und vor allem auch abwechslungsreich sein. Mit diesen Rezepten sind Sie ständig „geladen" – mit Lebenslust und Energie, versteht sich.

Kräuternudelsalat mit Gemüse und **Raukecreme**

Zutaten
für 4 Personen

für den Teig:
200 g Weizenvollkornmehl
2 Eier, 1 TL Pflanzenöl
1 Bund gemischte Kräuter
1 TL Jodsalz

für die Raukecreme:
1 Bund Rauke
1 Knoblauchzehe
2 EL Olivenöl 2 EL Zitronensaft, Pfeffer, Jodsalz

für das Gemüse:
150 g grüne Bohnen
200 g Brokkoli

Zubereitungszeit
1 Stunde 30 Minuten

Frische-Check
Bohnen
Juli – Oktober

Getränketip
Weißwein (Grauburgunder)

Nährwerte (pro Portion)	
Vitamin C	41 %
Fett	11 g
Ballaststoffe	3 g
Kalorien	202

1 Für die Raukecreme Knoblauch pellen, kleinschneiden und mit dem Salz im Mörser zerstoßen. Raukeblätter abbrausen, trockenschütteln und mit Küchenkrepp gründlich abtupfen. Fein hacken, dann mit 1 EL Olivenöl in den Mörser geben und ebenfalls zerstoßen. Restliches Olivenöl und Zitronensaft unterrühren. Sauce mit Salz und Pfeffer abschmecken, ziehen lassen.

2 Für die Nudeln Kräuter abbrausen, trockenschütteln und sehr fein hacken. Mehl, Eier, Pflanzenöl, Salz, 1 EL kaltes Wasser und Kräuter mit der Küchenmaschine oder den Knethaken des Handrührgerätes zu einem glatten, glänzenden Teig verkneten. Eventuell noch etwas Wasser zugeben. Teig zu einer Kugel formen, diese fest mit Klarsichtfolie umwickeln und unter einer angewärmten Schüssel 30 Minuten ruhen lassen.

3 Hälfte des Teiges auf bemehlter Arbeitsfläche dünn ausrollen, kurz antrocknen lassen, mit Mehl bestäuben. Teigplatte eng aufrollen und mit einem scharfen Messer 3 mm dicke Scheiben abschneiden. Nudeln sofort auseinanderrollen und kurz antrocknen lassen. Aus der zweiten Teighälfte ebenso dünne Bandnudeln zubereiten. Nudeln in kochendem Salzwasser 2 bis 4 Minuten weich garen. In ein Sieb abgießen und abschrecken.

4 Bohnen waschen, in einem Sieb abtropfen lassen, putzen und in 3 cm lange Stücke schneiden. Brokkoli waschen, putzen und die Röschen in mundgerechte Stücke schneiden. Dicke Strunkteile großzügig schälen und kleinschneiden.

5 Bohnen und Brokkoli in reichlich Salzwasser 5 Minuten blanchieren, in Eiswasser tauchen, abtropfen lassen. Nudeln, Bohnen und Brokkoli in einer Schüssel mischen. Raukecreme unterheben.

extra-tip

Im Anhang zeigen wir Ihnen, wie selbstgemachte Nudeln ohne großen Aufwand gelingen. Natürlich können Sie Kräuternudeln oder grüne Nudeln auch fertig als getrocknete kaufen. Die Raukecreme bereiten Sie am besten etwas früher zu. Sie sollte mindestens 30 Minuten durchziehen können.

Tips & Alternativen
Die Kräuter können Sie je nach Saison kombinieren.

Nordfriesischer Nudelsalat mit Dill-**Krabben**

Zutaten
für 4 Personen

400 g Nudelspiralen
200 g geschälte Nordseekrabben
200 g Salatgurke
1 rotschaliger Apfel (z.B. Jonagold)
1 Bund Radieschen
1 Schalotte
150 g Vollmilch-Joghurt
1 TL Weizenkeimöl
1 TL Zitronensaft
1 TL eingelegter grüner Pfeffer
1 Bund Dill
2-3 Dilldolden
Jodsalz

Zubereitungszeit
30 Minuten

Frische-Check
Radieschen
ganzjährig

Getränketip
kühles Bier

Nährwerte (pro Portion)	
Eisen	43 %
Fett	6 g
Ballaststoffe	11 g
Kalorien	463

extra-tip

Dieser Salat ist ideal zum Mitnehmen an den Arbeitsplatz. Einfach abends vorbereiten und gleich in ein gut schließendes Kunststoffgefäß füllen. Bis zum Verzehr kühlen.

1. Nudeln in sprudelndem Salzwasser al dente kochen. Abgießen und abkühlen lassen.

2. Gurke schälen, längs halbieren, eventuell entkernen und dann in dünne Scheiben schneiden. Apfel waschen, trockenreiben und würfeln. Sofort mit Zitronensaft beträufeln. Radieschen waschen. In dünne Scheiben schneiden. Schalotte pellen, würfeln. Alle Zutaten mit den Nudeln mischen.

3. Joghurt und Öl verrühren. Pfefferkörner etwas zerdrücken und zufügen. Mit etwas Salz abschmecken. Dill waschen, hacken und unterziehen. Dilldolden waschen, trockenschütteln.

4. Marinade zum Salat geben und vorsichtig unterziehen. Mit Krabben bestreuen und mit Dilldolden anrichten.

Tips & Alternativen

Dieses Gericht ist kalorienarm und paßt daher auch in jede Schlankheitskur.

Rigatoni **Carribean Style**

Zutaten
für 4 Personen

300 g Rigatoni
500 g marktfrisches Fischfilet (z. B. Zander,Dorsch, Barsch), 4 Fleischtomaten
250 g Tomatenstücke (aus dem Tetrapack)
50 g junge Spinatblätter
8 Bananenchips
Fleisch von ½ Kokosnuß
2 Knoblauchzehen
2 EL Olivenöl extra vergine
eine Prise Cayennepfeffer
je 1 Messerspitze gemahlene Nelken,Piment, Pfeffer, Cayennepfeffer, Limettenschale und Kreuzkümmel) oder 2 EL karibische Gewürze (erhältl. im FFF-Restaurant)
Pfeffer (Mühle), Jodsalz

Zubereitungszeit
20 Minuten

Frische-Check
Blattspinat
April – Oktober

Getränketip
Bier oder eine Margarita

Nährwerte (pro Portion)	
Kalium	56 %
Fett	18 g
Ballaststoffe	8 g
Kalorien	620

1 Tomaten mit kochendem Wasser überbrühen, häuten, vierteln und entkernen. Knoblauch schälen und fein hacken. 2 EL Öl erhitzen, Knoblauch und Tomaten darin andünsten. Tomatenstücke zugeben, und die Sauce mit Cayennepfeffer, Salz und Pfeffer abschmecken.

2 Reichlich Salzwasser aufkochen. Nudeln darin nach Packungsanweisung al dente garen und gut abtropfen lassen. Spinat verlesen, gründlich waschen und sorgfältig trockentupfen.

3 Fisch unter fließendem Wasser säubern, trockentupfen und in feine Stücke zerteilen. Gewürze mengen, Filets darin wenden. 1 EL Öl erhitzen und den Fisch 2 Minuten braten. Kokosfleisch mit einem Sparschäler in feine Streifen schneiden. Die Nudeln noch heiß mit der Tomatensauce mengen, Spinat und Fisch unterziehen und mit Bananenchips und Kokosstreifen servieren.

extra-tip

Einer Kokosnuß muß man sich zum Öffnen weder brachial mit einem Hammer nähern noch ihr mit einem Schraubenzieher die „Augen" ausstechen: Im Ofen bei leichter Hitze ca. 10 Minuten backen, und sie läßt sich mit einem leichten Schlag öffnen und verarbeiten.

Tips & Alternativen

Auf der gegenüberliegenden Seite zeigen wir Ihnen, wie man einen Fisch selbst filetiert.

Bauch- und Rückenflossen in Kopfrichtung abschneiden. Kopf hinter den Kiemen abtrennen. Schwanz abschneiden.

Mit einem Filetiermesser die Fischfilets entlang der Mittelgräte vom Kopf bis Schwanzende ablösen.

Mit einem Filetiermesser zwischen Haut und Filet fahren und zur Kopfrichtung ablösen.

Filets mit einem Filetiermesser in mundgerechte Stücke zerteilen.

fisch

Kaufen Sie nur ganzen Fisch mit klaren Augen und grellroten Kiemen. Sonst ist er alt und hat in Ihrer Küche nichts verloren. Bei der Zubereitung kommt es auf das richtige Timing an: Zwischen saftigem, perfekt gegartem Fleisch und trockenem, übergarten Fleisch liegen oft nur wenige Minuten, aber leider große Unterschiede in der Qualität.

Zutaten
für 4 Personen

200 g kleine Nudel
4 Hähnchenfilets (400 g)
2 Fenchelknollen
4 Möhren, 4 EL Rosinen
1 Endiviensalat
2 EL Olivenöl extra vergine
4 EL Weißweinessig
Saft von 2 Orangen
2 EL Zitronensaft
1 Bund Petersilie
2 Knoblauchzehen
2 EL Pinienkerne
weißer Pfeffer
Jodsalz

Zubereitungszeit
30 Minuten

Frische-Check
Fenchel
Mai – Oktober

Getränketip
kühles Bier

Nährwerte (pro Portion)	
Vitamin A	92 %
Fett	10 g
Ballaststoffe	6 g
Kalorien	295

Nudelsalat mit **Fenchel**

1. Nudeln in sprudelndem Salzwasser nach Packungsanweisung al dente kochen. Knoblauch pellen, würfeln. Mit Zitronensaft und 1 Eßlöffel Öl verrühren. Fleisch in Streifen schneiden und 1 Stunde marinieren.

2. Pinienkerne in einer Pfanne ohne Fett rösten. Herausnehmen. Öl in der Pfanne erhitzen. Fleisch anbraten und mit Salz und Pfeffer abschmecken. Fenchel und Möhren putzen, waschen und in Julienne-Streifen schneiden. Fleisch aus der Pfanne nehmen. Gemüse im Bratfond mit Rosinen 1 Minute dünsten, mit Saft und Essig ablöschen.

3. Petersilie und Endivie waschen, kleinschneiden und auf einer Salatplatte verteilen. Fleisch und Gemüse darauf anrichten. Mit Pinienkernen bestreuen und mit Bratfond beträufeln.

extra-tip

Dieses Gericht kann man auch in einer rein vegetarischen Variante zubereiten: mit dem zu Unrecht als langweilig geschmähten Tofu, der wunderbar zu diesem raffiniert gewürzten und etwas exotischen Nudelsalat paßt.

Tips & Alternativen

Die Pinienkerne kann man auch durch andere ungesalzene Nüsse ersetzen.

Gratinierte **Tortiglioni** auf Ratatouille

1 Nudeln nach Packungsangabe in sprudelndem Salzwasser al dente kochen.

2 Paprika, Aubergine, Zucchino und Tomate waschen, trockentupfen und kleinschneiden. Zwiebel und Knoblauch pellen, würfeln.

3 2 Eßlöffel Öl in einem Topf erhitzen. Zwiebel- und Knoblauchwürfel darin anbraten. Restliches Gemüse und 3 Eßlöffel Wasser zugeben. 8 Minuten dünsten. Thymian und Basilikum waschen, trockentupfen und die Blättchen zufügen. Mit Pfeffer und Piment würzen.

4 Eine breite Gratinform mit etwas Öl ausstreichen. Nudeln abgießen. Die Ratatouille einfüllen. Vollkornbrot zerbröseln. Mit Käse und dem restlichen Öl vermischen. Auf die Nudeln streichen. Unter dem Grill 2 Minuten gratinieren.

extra-tip

Anstelle des angegebenen Vollkornbrots können Sie für dieses Gratin gerne auch die Brötchen vom Vortag verwenden. (So machen es die italienischen Hausfrauen). Einfach auf einer groben Reibe reiben und dann wie angegeben verarbeiten.

Tips & Alternativen

Auberginen enthalten kaum noch Bitterstoffe: Man kann sie ohne vorheriges Entwässern verarbeiten.

Zutaten
für 4 Personen

300 g Tortiglioni
je 1 rote und gelbe Paprika (à ca. 200 g)
1 Aubergine (ca. 250 g)
1 Zucchino (ca. 200 g)
1 Fleischtomate (ca. 200 g)
1 Zwiebel
2 Scheiben Vollkornbrot
4 EL Olivenöl extra vergine
je 5 Zweige Thymian und Basilikum
3 Knoblauchzehen
1 TL Piment
3 EL geriebener Parmesan
1 TL weißer Pfeffer

Zubereitungszeit
30 Minuten

Frische-Check
Fleischtomaten
Juli – Oktober

Getränketip
kräftiger Rotwein (Chianti oder Zinfandel)

Nährwerte (pro Portion)

Vitamin A	91 %
Fett	13 g
Ballaststoffe	8 g
Kalorien	483

Linguine in pikanter **Tomatensauce**

Tips & Alternativen

Knoblauch darf nicht zu lange geröstet werden, er wird sonst bitter.

Zutaten

für 4 Personen

400 g Spaghetti
750 g Flaschentomaten
2 Schalotten
1 EL Olivenöl extra vergine
1 TL Ahornsirup
10 schwarze Oliven
2 EL Kapern
1 TL Tapenade (aus dem Feinkostgeschäft)
2 Knoblauchzehen
1 Lorbeerblatt
1 Zweig Thymian, Jodsalz
schwarzer Pfeffer (Mühle)

Zubereitungszeit
40 Minuten

Frische-Check
Tomaten
April – Oktober

Getränketip
einfacher roter Landwein

Nährwerte (pro Portion)	
Kalium	41 %
Fett	10 g
Ballaststoffe	8 g
Kalorien	493

1 Tomaten kreuzweise einschneiden, mit kochendem Wasser überbrühen, häuten und halbieren. Stielansatz und Kerne entfernen, Fruchtfleisch kleinschneiden. Tomatenwürfel mit 3 EL Wasser, Sirup, Lorbeerblatt, abgebraustem Thymian, Salz und Pfeffer in einem Topf aufkochen. Sauce bei schwacher Hitze zugedeckt 20 Minuten köcheln lassen.

2 Knoblauch und Schalotten pellen. Knoblauch in dünne Scheiben schneiden. Schalotten sehr fein hacken. Öl in einem beschichteten Topf erhitzen, Knoblauch darin hellbraun anschwitzen, herausnehmen und beiseite stellen. Schalotten im Öl glasig dünsten. Topf vom Herd nehmen, Tomaten durch ein Sieb in den Topf passieren, bei schwacher Hitze nochmals aufkochen lassen.

3 Reichlich Salzwasser zum Kochen bringen, Linguine im sprudelnden Wasser nach Packungsanweisung al dente kochen.

4 Oliven entsteinen, grob hacken, Kapern abtropfen lassen, beides in der Tomatensauce kurz erhitzen, und Sauce mit Tapenade, Pfeffer und Ahornsirup pikant abschmecken. Nudeln abgießen, gut abtropfen lassen und mit der Sauce auf Tellern anrichten. Knoblauchscheiben darüberstreuen und gleich servieren.

extra-tip

Wenn Sie keine Tapenade (Olivenpaste) bekommen, können Sie diese aus schwarzen Oliven und etwas Rotweinessig im Mörser oder Püriergerät auch selbst herstellen. Sie hält sich einige Wochen im Kühlschrank.

extra-tip

Artischocken sind Blüten einer nordafrikanischen Distelart, die aus Frankreich und Südeuropa nach Deutschland gelangen. Besonders die jungen, kleinen Exemplare kann man wunderbar im ganzen genießen, von größeren Artischocken schmecken der Boden und die dicken Blattansätze, die zum Dippen geeignet sind.

Fettuccine mit **Artischocke**

1 Stiele aus den Artischocken drehen, die unteren Blätter abbrechen. Harte Blattspitzen mit einer Schere abschneiden, Die Artischocken längs halbieren und das Heu vom Boden entfernen. Zitrone auspressen und etwas vom Saft über die Schnittflächen träufeln, damit sie nicht verfärben.

2 Reichlich Salzwasser mit restlichem Zitronensaft, Pfefferkörnern und Lorbeerblatt aufkochen. Die Artischockenhälften 30 Minuten weich garen. Herausnehmen und gut abtropfen lassen, jede Hälfte nochmals halbieren.

3 Nudeln in reichlich sprudelndem Salzwasser nach Packungsangabe al dente kochen. Inzwischen Schalotten und Knoblauch pellen, fein hacken. Chili waschen, längs aufschneiden, Stiel und Kerne entfernen, und die Schote fein hacken.

4 Schalotten und Chili mit dem Öl bei milder Hitze erhitzen, bis die Zwiebelwürfel glasig sind. Knoblauch und Artischocken zugeben und kurz andünsten. Mit Salz und Pfeffer würzen und mit Weißwein ablöschen. Zugedeckt noch 3 Minuten schmoren lassen.

5 Nudeln abgießen und gut abgetropft mit den Artischocken mischen und auf 4 Teller verteilen. Parmesan auf die Nudeln hobeln, sofort servieren.

Tips & Alternativen

Alternativ eingelegte Artischocken verwenden: Abgießen, zur Zwiebelschmelze geben und wie beschrieben fertigkochen.

Zutaten
für 4 Personen

400 g Fettucine
4-6 kleine Artischocken
4 Schalotten
40 g Parmesan am Stück
1 EL Olivenöl extra vergine
100 ml trockener Weißwein
1 Zitrone
2 Knoblauchzehen
schwarze Pfefferkörner
1 Lorbeerblatt
1 Chili
Jodsalz

Zubereitungszeit
1 Stunde 15 Minuten

Frische-Check
Artischocken
November – Mai

Getränketip
fruchtiger Rosé
(Côte de Provence)

Nährwerte (pro Portion)

Vitamin B1	27 %
Fett	9 g
Ballaststoffe	20 g
Kalorien	508

extra-tip

Fünf-Gewürze-Mischung gibt es in Asia-Läden oder in der Spezialitätenabteilung des Supermarktes. Dahinter stecken gemahlener Pfeffer, Gewürznelken, Zimt, Anis und Fenchelsamen. Sesamöl ist ein Würzöl mit einem stark nussigen Geschmack. Es wird erst auf die fertig gegarten Speisen getröpfelt.

pak-choi

Pak-choi ist eine Kohlart mit vielen gesundheitsfördernden Stoffen, z.B. Kalzium, B-Vitaminen und viel Vitamin C. Durch die kurze Garzeit in diesem Rezept bleiben sie weitestgehend erhalten. Dazu fördert das Vitamin C aus dem Gesundgemüse und der Paprika die Eisenaufnahme aus dem Fleisch.

Zutaten

für 4 Personen

- 250 g Glasnudeln
- 200 g Schweinefilet
- 300 g Pak-choi
- 1 kleine rote Paprikaschote (ca. 100 g)
- 3 Schalotten
- 3 Knoblauchzehen
- 2 EL Öl
- 1 EL Sesamöl
- 2 EL Reisessig (ersatzweise milder Weinessig)
- 1 TL Fünf-Gewürze-Pulver
- 1 Chilischote
- Jodsalz

Zubereitungszeit
1 Stunde 15 Minuten (inkl. Marinierzeit)

Frische-Check
Pak-choi
Mai – Oktober

Getränketip
Mineralwasser oder Bier

Nährwerte (pro Portion)	
Vitamin C	83 %
Fett	4 g
Ballaststoffe	2 g
Kalorien	320

Tips & Alternativen

Pak-choi findet man in Asia-Läden und gutsortierten Lebensmittelläden.

Glasnudeln mit **Pak-Choi**

1. Fleisch in dünne Streifen und Knoblauch in feine Scheiben schneiden. Mit dem Reisessig beträufeln. 1 Stunde im Kühlschrank marinieren.

2. Pak-choi waschen, abtropfen lassen und in dünne Streifen schneiden. Die dicken Blattrippen sollten mitverwendet werden; eventuell müssen sie in Julienne-Streifen geschnitten werden. Schalotten schälen, in feine Ringe schneiden. Paprika waschen, entkernen und in dünne Streifen teilen.

3. Glasnudeln mit kochendem Wasser übergießen. 5 Minuten ziehen lassen, aber nicht kochen.

4. Fleisch aus der Marinade heben und abtropfen lassen. Im heißen Öl knusprig braun braten. Herausnehmen. Gemüse in die Pfanne geben, unter Rühren braten. Marinade und 100 ml Wasser zufügen. Fünf-Gewürze-Pulver mit Chili im Mörser zerstoßen. Das Gemüse mit den Gewürzen, dem Sesamöl und dem Salz abschmecken.

5. Nudeln abtropfen lassen und unter das Gemüse ziehen. Auf Teller verteilen und servieren.

Nudelhörnchen mit **Seelachs** und Brokkoli

1. Fisch gründlich mit kaltem Wasser abspülen, mit Küchenkrepp trockentupfen. Zitrone auspressen und 2 EL Saft auf die Fischfilets träufeln, dann salzen, würfeln und beiseite stellen. Reichlich Salzwasser für die Nudeln zum Kochen bringen.

2. Brokkoli gründlich in kaltem Wasser waschen, in Röschen teilen. Dicke Stengel schälen und in Stücke teilen. Portionsweise in kochendem Salzwasser 4 Minuten blanchieren, dann kurz in Eiswasser tauchen, abtropfen lassen, beiseite stellen.

3. Nudeln nach Packungsangabe al dente kochen. Währenddessen Zwiebeln pellen, fein würfeln, mit dem Öl in einer beschichteten Pfanne anschwitzen, mit Brühe ablöschen. Die Fischwürfel zugeben, bei milder Hitze 5 Minuten dünsten. Nach 2-3 Minuten die Brokkoliröschen zugeben. Schmand vorsichtig unterrühren, mit restlichem Zitronensaft, Salz und Pfeffer abschmecken. Nudeln abgießen, untermengen.

4. Petersilie kurz abbrausen, trockenschütteln, Blättchen fein hacken, über die Brokkoli-Nudeln geben und gleich servieren.

extra-tip

Sie können die Brokkoliröschen auch in der Pfanne mitdünsten, dann verlieren sie allerdings ihre schöne Farbe. Das Gemüse 4 Minuten vor dem Fisch in die Pfanne geben, zugedeckt dünsten.

Tips & Alternativen

Als knackige Beigabe schmecken fettfrei geröstete Cashewkerne.

Zutaten
für 4 Personen

- 400 g Nudelhörnchen
- 500 g Seelachsfilet
- 300 g Brokkoli
- 2 Zwiebeln
- 1 Zitrone
- 1 TL Sonnenblumenöl
- 3 EL Gemüsebrühe
- 2 EL Schmand
- ein halbes Bund glatte Petersilie
- schwarzer Pfeffer (Mühle)
- Jodsalz

Zubereitungszeit
30 Minuten

Frische-Check
Brokkoli
Juli – Oktober

Getränketip
ein kühles Bier

Nährwerte (pro Portion)	
Jod	102 %
Fett	10 g
Ballaststoffe	8 g
Kalorien	559

Spaghettisalat mit Petersilie und Raukecreme

Zutaten
für 4 Personen

400 g Vollkornspaghetti
100 g Mozzarella, 1 Radicchio
1 Bund glatte Petersilie
2 EL Radieschensprossen
oder Alfalfasprossen
1 Bund Rauke
1 Scheibe Vollkorntoast
4 EL Olivenöl extra vergine
50 ml Gemüsebrühe
1 EL Zitronensaft
2 Knoblauchzehen, Piment
2-3 Topfen Tabasco
schwarzer Pfeffer, Jodsalz

Zubereitungszeit
ca. 30 Minuten

Frische-Check
Radicchio
August – März

Getränketip
kräftiger Landrotwein

Nährwerte (pro Portion)	
Eisen	36 %
Fett	17 g
Ballaststoffe	6 g
Kalorien	524

extra-tip

In Bioläden und Gemüsegeschäften gibt es unterschiedliche Sprossen oder Keimlinge. Die zartesten sind Alfalfa- , Radieschen- und Weizensprossen. Mungo- oder Sojabohnensprossen sind weitaus fester. Sie sollten blanchiert werden, während bei den anderen Sorten gründliches Spülen mit kaltem Wasser reicht. Wer mag, kann sich dazu im Reformhaus Keimgefäße und Saat besorgen.

1 Vollkornspaghetti in sprudelndem Salzwasser nach Packungsanweisung al dente kochen.

2 Petersilie waschen, trockenschütteln. Radicchio putzen, waschen und in fingerbreite Streifen schneiden. Beides auf einer Salatplatte anrichten. Mozzarella in dünne Scheiben schneiden, darauf verteilen. Mit Pfeffer bestreuen.

3 Toast mit Gemüsebrühe in einem Rührtopf einweichen. Rauke waschen, trockentupfen, gröbere Stiele entfernen. Raukeblätter in Streifen schneiden, und die Hälfte auf dem Salat verteilen. Knoblauch pellen, halbieren. Mit dem Rest Rauke in den Rührtopf geben. Mit einem Pürierstab pürieren. Zitronensaft, Piment und Tabasco zufügen. Das Öl unter ständigem Rühren zufügen. Nudeln abgießen und sofort mit der Creme mischen. Auf dem Salat anrichten. Sprossen abspülen und den Nudelsalat damit bestreuen.

Spaghettini mit Kirschtomaten und **Salsa**

Zutaten
für 4 Personen

400 g Spaghettini
200 g Kirschtomaten
20 g geriebener Pecorino
5 El Olivenöl extra vergine
je 1 Bund Basilikum, Dill
Petersilie und Estragon
3 EL Zitronensaft
1 EL Ahornsirup
weißer Pfeffer, Jodsalz

Zubereitungszeit
20 Minuten

Frische-Check
Kirschtomaten
ganzjährig

Getränketip
frischer Weißwein

Nährwerte (pro Portion)	
Vitamin C	43 %
Fett	14 g
Ballaststoffe	7 g
Kalorien	504

extra-tip

Kirschtomaten haben mittlerweile das ganze Jahr Saison. Sie werden aus Spanien, Israel, der Türkei und Italien in verschiedenen Größen und Sorten importiert. Man kennt sie meistens roh in Salaten, doch kurz gedünstet oder gedämpft behalten sie ebenfalls ihr süßes Aroma.

1 Spaghettini in sprudelndem Salzwasser nach Packungsanweisung al dente kochen

2 Kirschtomaten waschen, halbieren. Im Öl kurz anschmoren. Herausnehmen und in eine vorgewärmte Schüssel füllen. Die Kräuter waschen, hacken und mit Küchenkrepp trockentupfen oder trockenschütteln. Ins Öl geben. Zitronensaft und Ahornsirup unterrühren und mit Pfeffer würzig abschmecken.

3 Die Nudeln abgießen und etwas abtropfen lassen. Mit den Kräutern mengen und unter die Kirschtomaten heben. Das Gericht mit Pecorino bestreuen und gleich servieren.

Tips & Alternativen

Statt Kirschtomaten können Sie bei diesem Gericht auch hauchdünne Zucchinischeiben oder Champignons nehmen.

extra-tip

Pecorino romano wird aus Schafmilch hergestellt. Im Gegensatz zu Parmesan gehört er nur ganz jung auf den Dessertkäseteller, ansonsten ausschließlich in die Sauce. Sein intensiv-pikanter Charakter unterstreicht die würzigen Kräuter.

Hausgemachte **Basilikumnudeln** mit Rauke

Zutaten
für 4 Personen

für den Teig:

300 g Weizenmehl
3 Eier
1 großes Bund Basilikum
Jodsalz

für die Sauce:

50 g Pecorino
1 Bund Rauke
150 g rosa Champignons
3 getr. Tomaten in Öl
2 EL Zitronensaft
1 Knoblauchzehe
einige rosa Pfefferkörner
Jodsalz

Zubereitungszeit
1 Stunde 20 Minuten

Frische-Check
Basilikum
Juni – September

Getränketip
Weißwein (Chardonnay)

Nährwerte (pro Portion)	
Vitamin B12	38 %
Fett	13 g
Ballaststoffe	5 g
Kalorien	427

1 Basilikum unter kaltem Wasser abbrausen, trockenschütteln. Blätter von den Stielen zupfen und fein hacken. Mit Mehl, Eiern und 1 TL Salz zu einem geschmeidigen Teig verkneten. Zur Kugel formen und mit Frischhaltefolie umwickelt ca. 1 Stunde im Kühlschrank ruhen lassen.

2 Teig auf leicht bemehlter Fläche sehr dünn ausrollen. In 2 cm breite Bandnudeln schneiden. Kurz antrocknen lassen. Währenddessen Tomaten abtropfen lassen, Öl auffangen, Tomaten fein würfeln. Champignons putzen, mit Küchenkrepp oder feuchtem Tuch vorsichtig abreiben und in feine Scheiben schneiden. Mit Zitronensaft beträufeln und beiseite stellen.

3 Reichlich Salzwasser zum Kochen bringen. Nudeln darin weich kochen. 1 TL des aufgefangenen Öls in der beschichteten Pfanne erhitzen, Pilze darin anbraten, Knoblauch pellen und dazupressen, salzen. Tomaten zugeben. Rauke waschen, in mundgerechte Stücke zupfen. Nudeln abgießen und abtropfen lassen, mit dem restlichen Öl der Tomaten (ca. 1 EL) mischen, dann Pilze, Tomaten und Rauke unterheben. Auf Tellern anrichten, mit frisch geriebenem Pecorino und grob gemahlenem rosa Pfeffer servieren.

Tips & Alternativen

Im Anhang zeigen wir Ihnen in Steps, wie selbstgemachte Nudeln sicher gelingen.

Gratin aus Dinkelspätzle mit Roquefort

Zutaten
für 4 Personen

400 g Dinkelspätzle
800 g Blattspinat
150 g Roquefort
1 Schalotte, 1 EL Öl
150 ml Gemüsebrühe
2 EL Sonnenblumenkerne
etwas Macis (Muskatblüte)
weißer Pfeffer, Jodsalz

Zubereitungszeit
30 Minuten

Frische-Check
Blattspinat
April – September

Getränketip
leichter Rotwein

Nährwerte (pro Portion)

Vitamin E	148 %
Fett	18 g
Ballaststoffe	13 g
Kalorien	558

1 Dinkelspätzle in sprudelndem Salzwasser nach Packungsanweisung al dente kochen.

2 Spinat waschen, verlesen. Schalotte pellen, sehr fein würfeln. Öl erhitzen. Schalottenwürfel und Spinat darin andünsten. Mit Macis und Pfeffer würzen. Brühe angießen, 1 Minute dünsten.

3 Nudeln abgießen. Mit Spinat in eine ofenfeste Form füllen. Roquefort zerkrümeln und mit den Sonnenblumenkernen darauf verteilen. Unter dem heißen Grill kurz gratinieren.

extra-tip

Vollkorn-Nudeln gibt es inzwischen in allen Variationen. Dinkelnudeln oder Nudeln mit Roggenanteil sind dunkelbraun, Weizenvollkornnudeln etwas heller in der Farbe. Für alle VK-Nudeln gilt in der Regel eine etwas längere Kochzeit als bei weißen Nudeln.

Vollkorn-Fettuccine mit Filetstreifen

Zutaten
für 4 Personen

300 g Vollkorn-Fettuccine
300 g Rinderfilet
300 g Schalotten
200 g getrocknete Pflaumen ohne Stein
100 ml Rotwein, 1 EL Öl
2 Zweige Majoran, 1 Zweig Rosmarin, 2 Lorbeerblätter, 3 Gewürznelken
schwarzer Pfeffer (Mühle)
Jodsalz

Zubereitungszeit
1 Stunde 15 Minuten (inkl. Marinierzeit)

Frische-Check
Schalotten
ganzjährig

Getränketip
kräftiger Rotwein (Merlot)

Nährwerte (pro Portion)

Eisen	50 %
Fett	7 g
Ballaststoffe	10 g
Kalorien	430

1 Die Pflaumen würfeln und mit Rotwein begießen. Rosmarin waschen, trockentupfen, Nadeln abrebeln und zugeben. Nelken und Lorbeerblätter zufügen. Pflaumen in der Marinade 1 Stunde ziehen lassen.

2 Vollkorn-Fettuccine in sprudelndem Salzwasser nach Packungsanweisung al dente kochen. Schalotten pellen, halbieren. Das Rinderfilet in Streifen schneiden. Öl erhitzen und Fleisch und Schalotten unter Wenden 5 Minuten anbraten. Fleisch und die Hälfte der Schalotten herausnehmen. Pflaumen mit der Marinade in den Bratfond geben. 5 Minuten dünsten. Gewürze entfernen. Pflaumen und restliche Schalotten pürieren. Fleisch und Schalottenhälften darin ganz kurz erhitzen. Pfeffern. Mit den Nudeln anrichten und mit Majoranblättchen garnieren.

extra-tip

Vollkorn und Fleisch enthalten viel Nervenvitamin B1 und sind daher eine ideale Kombination. Vegetarier können mit Getreide- und Vollkornprodukten ihren Bedarf decken.

Dinkel

Dinkel ist ein Getreide, das mit dem Weizen verwandt ist. Im süddeutschen Raum wird es teilweise noch angebaut. Im Handel findet man Dinkel als Mehl, Schrot oder ganzes Korn. Grün geernteter Dinkel wird in Naturkostgeschäften als „Grünkern" angeboten und mit Heißluft und Rauch getrocknet. So ergibt sich ein besonders würzig-aromatischer Geschmack. Grünkern und Dinkel enthalten neben Ballaststoffen und Stärke hochwertiges Eiweiß, Mineralstoffe und vor allem B-Vitamine. Dinkel wird in Broten, Keksen und Gebäck verbacken.

extra-tip

Reisessig wird aus Reis vergoren. Er würzt sehr mild und hebt gleichzeitig den Eigengeschmack der Zutaten hervor. Reisessig wird vor allem in der asiatischen Küche verwendet. Alternativ können Sie auch mit mildem Weißweinessig arbeiten.

Dinkelnudeln mit Erbsen und Chilidressing

1 Erbsen aus den Schoten palen. Sonnenblumenöl in einem beschichteten Topf erhitzen. Erbsen darin bei schwacher Hitze anschwitzen, mit 6 EL Wasser ablöschen, salzen und pfeffern. Zugedeckt bei schwacher Hitze 10 Minuten dünsten. Reichlich Salzwasser für die Nudeln aufkochen.

2 Gurke schälen, längs halbieren. Die Kerne mit einem Teelöffel herausschaben, das Fruchtfleisch fein würfeln. Lauchzwiebeln putzen, waschen und in feine Ringe schneiden. Ingwer schälen und fein hacken. Chillies längs aufschneiden, entkernen und fein hacken. Vorbereitete Zutaten mit Sojasauce, Essig und den Ölen mischen.

3 Nudeln nach Packungsangabe al dente garen und abtropfen lassen. Gleich mit den Erbsen und dem Dressing mengen und servieren.

Tips & Alternativen

Wenn es besonders schnell gehen soll, kürzen Sie mit Hilfe von tiefgekühlten Erbsen die Garzeit ab.

Zutaten
für 4 Personen

300 g Dinkelnudeln
eine halbe Salatgurke
750 g Erbsen in Schoten
2 Lauchzwiebeln
1 TL Sonnenblumenöl
1 TL Sesamöl
1 TL Distelöl
3 EL Sojasauce
2 EL Reisessig
ca. 2 cm frischer Ingwer
2 kleine rote Chillies
weißer Pfeffer (Mühle)
Jodsalz

Zubereitungszeit
30 Minuten

Frische-Check
Erbsen
Juni – August

Getränketip
Bier oder Gewürztraminer

Nährwerte (pro Portion)	
Magnesium	44 %
Fett	10 g
Ballaststoffe	14 g
Kalorien	393

Maultaschen mit **Wirsing**

Zutaten
für 4 Personen

für den Teig:

300 g Weizenmehl
(Type 405)
3 Eier
1 Döschen Safran
1 TL Jodsalz

für die Füllung:

1 kl. Wirsing (ca. 600 g)
2 Zwiebeln
1 EL Pinienkerne
1 Bund glatte Petersilie
2 EL Maiskeimöl
100 ml fettarme Milch
(1,5% Fett, Muskat
Pfeffer (Mühle), Jodsalz

Zubereitungszeit
1 Stunde 45 Minuten
(inkl. Ruhezeit)

Frische-Check
Wirsing
Oktober – April

Getränketip
fruchtiger Weißwein
(Silvaner)

Nährwerte (pro Portion)	
Vitamin C	97 %
Fett	15 g
Ballaststoffe	7 g
Kalorien	455

1 Safranfäden in 1 EL heißem Wasser einweichen. Mehl und 1 TL Salz in eine Schüssel geben, Eier und Safran verquirlen, zufügen und alle Zutaten zu einem geschmeidigen Teig verkneten. Zur Kugel formen und in Frischhaltefolie wickeln. 1 Stunde im Kühlschrank ruhen lassen.

2 Währenddessen Wirsing putzen, halbieren, Strunk entfernen, Wirsingblätter waschen, trockenschütteln und in feine Streifen schneiden. Zwiebeln pellen und fein hacken. Mit 1 TL Öl in einem beschichteten Topf erhitzen und anschwitzen. Wirsingstreifen zugeben, ebenfalls anschwitzen, und mit der Milch ablöschen. Das Gemüse zugedeckt 4 Minuten dünsten. Kurz vor Garzeitende den Deckel lüften, damit die restliche Kochflüssigkeit verdampfen kann. Wirsing mit Salz, Muskat und Pfeffer kräftig abschmecken.

3 Reichlich Salzwasser für die Nudeln erhitzen. Nudelteig auf bemehlter Arbeitsfläche sehr dünn und gleichmäßig ausrollen, etwas antrocknen lassen. Wirsing in kleinen Häufchen im Abstand von 5 Zentimeter auf einer Teighälfte verteilen. Die zweite Teighälfte darüberlegen. Zwischenräume andrücken. Mit dem Teigrad Taschen ausradeln.

4 Maultaschen im heißen Wasser, aber nicht sprudelnden Wasser 8 Minuten garen lassen. Inzwischen Petersilie unter kaltem Wasser abbrausen, trockenschütteln, Blättchen vom Stiel zupfen und fein hacken.

5 Restliches Öl erhitzen, Pinienkerne goldbraun rösten. Maultaschen mit dem Schaumlöffel aus dem Wasser heben und gut abgetropft im heißen Öl schwenken. Auf Teller verteilen, mit Pinienkernen und Petersilie garnieren und servieren.

Tips & Alternativen

Sie können die Maultaschen auch am Vortag vorbereiten. Dazu ca. 5 Minuten garen und kühlstellen. Kurz vor dem Servieren 2 Minuten in siedendes Salzwasser geben, dann im Öl schwenken.

extra-tip

Sollten die Teigränder der Maultaschen nicht gut zusammenhaften, einfach noch mal fest mit einer Gabel zusammendrücken. Auch verquirltes Eigelb wirkt prima als Hafthilfe.

Minestrone mit Farfalline

Zutaten
für 4 Personen

100 g Farfalline
8 hauchdünne Scheiben italienische Salami
200 g Wirsing
100 g Tomaten
1 Möhre (ca. 50 g)
1 Stange Bleichsellerie
1 Zwiebel
2 Knoblauchzehen
2 EL gehobelter Parmesan
2 EL Olivenöl extra vergine
2 l Gemüsebrühe
1 Bund glatte Petersilie
Jodsalz, weißer Pfeffer

Zubereitungszeit
40 Minuten

Frische-Check
Wirsing
Mai – Februar

Getränketip
Prosecco oder trockener Sherry

Nährwerte (pro Portion)

Vitamin E	21 %
Fett	9 g
Ballaststoffe	4 g
Kalorien	210

1. Zwiebel und Knoblauch pellen und würfeln. Wirsing waschen, in Streifen schneiden. Tomaten waschen, vierteln. Möhre schälen. Bleichsellerie waschen, putzen. Beides kleinschneiden.
2. 1 EL Öl in einem großen Topf erhitzen. Alle Gemüsezutaten im Öl andünsten. Mit Brühe aufgießen und 10 Minuten kochen. Nudeln einstreuen und weitere 10 Minuten kochen.
3. Petersilie waschen, trockenschütteln und grob hacken. In die Suppe geben. Mit Salz und Pfeffer herzhaft abschmecken.
4. Restliches Öl in einer Pfanne erhitzen. Salamischeiben kurz anbraten. Mit Öl in den Nudeleintopf geben. Mit gehobeltem Parmesan servieren.

extra-tip

Dieser deftige Nudeltopf schmeckt in vielen Variationen. So können z.B. weiße oder grüne Bohnen, Zucchini, Lauch, Schmorgurken, jedes Gemüse der Saison darin auftauchen.

Tips & Alternativen

Farfalline sind kein Muß: Für dieses Rezept eignet sich jede kleine Suppennudel.

Fenchelspätzle auf **Rotkraut-Walnußsalat**

Zutaten
für 4 Personen

für die Spätzle:

400 g Weizenmehl (Type 550)
4 Eier
1 EL Fenchelsamen
Jodsalz

für den Salat:

500 g Rotkohl
50 g gehackte Walnußkerne
150 g Vollmilch-Joghurt
1 EL Walnußöl
50 ml Rotwein
3 EL Apfelkraut
3 Zweige glatte Petersilie
2 Gewürznelken
1 Lorbeerblatt
1 Prise gemahl. Koriander
weißer Pfeffer, Jodsalz

Zubereitungszeit
1 Stunde 15 Minuten

Frische-Check
Rotkohl
November – Mai

Getränketip
leichter Rotwein oder Rosé (Weißherbst)

Nährwerte (pro Portion)	
Selen	190 %
Fett	19 g
Ballaststoffe	8 g
Kalorien	573

1. Fenchelsamen in einer Pfanne ohne zusätzliches Fett rösten. Mit Mehl, Eiern, einer Prise Salz und 125 ml Wasser zu einem glatten Teig rühren. 10 Minuten ruhen lassen.
2. In einem großen Topf Salzwasser aufkochen.
3. Rotkohl waschen, trockentupfen und in dünne Streifen hobeln. Mit dem Wein, 100 ml Wasser, Salz, Apfelkraut, den Nelken und dem Lorbeerblatt 15 Minuten dünsten.
4. In der Zwischenzeit Joghurt mit Walnußöl glattrühren. Pfeffer und Koriander unterziehen. Den Rotkohl von der Kochplatte nehmen und noch 10 Minuten im Sud ziehen lassen.
5. Den Spätzleteig mit einem Spätzlebrett in das kochende Wasser schaben oder mit einer Presse hineindrücken. Nach 5-7 Minuten sind die Spätzle gar und schwimmen an der Oberfläche. Nudeln mit einem Schaumlöffel herausheben und abtropfen lassen.
6. Petersilie waschen und feinschneiden. Rotkohl aus dem Sud heben und abtropfen lassen. Auf einer Platte mit Spätzle und Joghurt anrichten. Mit Petersilie und Walnußkernen bestreuen.

extra-tip

Sie können das in diesem Rezept pikant gewürzte Rotkraut natürlich auch alkoholfrei zubereiten. Ersetzen Sie dann den Rotwein einfach durch Johannisbeersaft.

Tips & Alternativen

Im Anhang zeigen wir Ihnen mit Steps und Erklärungen, wie Spätzle sicher gelingen.

extra-tip

Profis blanchieren Gemüse wie Erbsen & Co, damit sie ihr ursprünglich kräftiges Grün behalten. Jede Sorte in kleinen Portionen in kochendem Salzwasser ca. 2 Minuten garen, danach kurz in Eiswasser tauchen. Die Garzeit verkürzt sich entsprechend.

Tips & Alternativen

Freilandspinat enthält weniger Nitrat, aus dem beim Kochen krebserzeugende Nitrosamine entstehen können.

Spaghetti **Verdura**

1 Erbsen aus den Schoten palen. Brokkoli gründlich waschen, in Röschen teilen, dicke Stiele schälen und kleinschneiden. Vom Spargel die unteren holzigen Enden abbrechen und die Stangen in 5 Zentimeter lange Stücke schneiden. Champignons putzen und vorsichtig mit Küchenkrepp abreiben, Zucchini waschen und alles in dünne Scheiben schneiden.

2 Öl in einer beschichteten Pfanne erhitzen, Spargel, Brokkoli und Erbsen darin anschwitzen. Mit Brühe ablöschen, zugedeckt ca. 8 Minuten dünsten (bei Bedarf noch löffelweise Wasser zugeben). Champignons und Zucchini zugeben, weitere 2 Minuten dünsten. Schmand unterrühren, mit Salz und Pfeffer abschmecken.

3 In der Zwischenzeit reichlich Salzwasser aufkochen und die Spaghetti darin nach Packungsangabe al dente garen.

4 Spinat putzen, gründlich waschen, dicke Stiele entfernen, Blätter grob hacken. Spinat zum Gemüse geben und kurz erhitzen. Estragon abbrausen, trockenschütteln, die Blättchen fein hacken.

5 Gemüse mit Limettensaft, Senf, Estragon und Pfeffer abschmecken. Nudeln abgießen, mit dem Gemüse auf Tellern anrichten, gleich servieren.

Zutaten
für 4 Personen

400 g Spaghetti
500 g Palerbsen
250 g Brokkoli
250 g grüner Spargel
80 g Champignons
2 kleine Zucchini
100 g Blattspinat
1 EL Olivenöl extra vergine
2 EL Gemüsebrühe
2 EL Schmand
1 EL Limettensaft
1 TL Dijon-Senf
einige Stiele Estragon
weißer Pfeffer (Mühle)
Jodsalz

Zubereitungszeit
40 Minuten

Frische-Check
Palerbsen
Juni – August

Getränketip
Weißwein (Chardonnay) oder Bier

Nährwerte (pro Portion)

Folsäure	63 %
Fett	7 g
Ballaststoffe	10 g
Kalorien	394

Frühlingsrolle **Fit For Fun**

Zutaten
für 4 Personen

24 Reispapierblätter
20 g Glasnudeln
150 g Scampi ohne Schale, entdarmt
1 kleine Lauchstange
1 kleines Stück Wirsing- oder Spitzkohl
1/4 Sellerieknolle
2 Möhren
50 g Shiitake Pilze (ersatzweise Champignons)
je ein halbes Bund Schnittlauch und glatte Petersilie
1 EL Tandoori-Paste
1 TL Kurkuma
1 Messerspitze Wasabi
Sojasauce
1 Eiweiß, Sojaöl

Zubereitungszeit
25 Minuten

Frische-Check
Spitzkohl
Juni - September

Getränketip
Tee (z.B. Oolong)

1. Reisblätter nach Packungsanweisung in kaltem Wasser einweichen. Glasnudeln ebenfalls in Wasser einweichen. Nudeln abtropfen lassen, dann mit kochendem Wasser überbrühen und 5 Minuten quellen lassen. Nochmals abtropfen.

2. Gemüse und Pilze in feine Würfel schneiden. Scampifleisch mit einem scharfen Messer fein hacken. Kräuter wiegen. Mit Gemüse und Scampi mischen und mit Tandooripaste, Kurkuma und Wasabi abschmecken.

3. Reisblätter abtropfen lassen und auf einer Arbeitsfläche ausbreiten. Gemüse, Scampi und Glasnudeln mittig verteilen. Die Ränder der Reisblätter mit Eiweiß bestreichen, Ränder nach innen einschlagen, Reisblätter fest aufrollen.

4. Sojaöl zum Ausbacken in einem großen Topf erhitzen. Frühlingsrollen darin portionsweise knusprig ausbacken und auf Küchenpapier abtropfen lassen. Etwas Wasabi mit Sojasauce verrühren und als Dip reichen.

extra-tip

Die fertig fritierten Frühlingsrollen lassen sich abgekühlt auch gut einfrieren. Als kleinen Snack einfach auftauen und im Backofen bei 200° C knusprig backen. Dazu paßt ein schneller Gurkensalat mit Chili und Koriander und einem würzigen Limettendressing.

Tips & Alternativen

Im Mantelteil zeigen wir Ihnen, wie Frühlingsrollen „gepackt" und verarbeitet werden.

Nährwerte (pro Portion)	
Jod	30 %
Fett	11 g
Ballaststoffe	6 g
Kalorien	360

extra-tip

Lachs aus Zuchtbetrieben ist zwar nicht gerade fettarm, enthält dafür aber viele ungesättigte Fettsäuren, die eine positive Wirkung auf unseren Cholesterinhaushalt haben. Außerdem bringt er – wie alle Seefische – Jod auf den Tisch.

Penne mit Bohnen-Lachs-Ragout

1. Penne in sprudelndem Salzwasser nach Packungsanweisung al dente garen.

2. In der Zwischenzeit die Bohnen putzen und waschen. Mit Bohnenkraut und Limettenblatt in 200 ml Wasser 6-8 Minuten garen. Lachs im Stück auf die Bohnen legen und weitere 6 Minuten im Sud ziehen lassen.

3. Lauchzwiebeln putzen, waschen, trockentupfen und in dünne Ringe schneiden. Im Öl andünsten. Bohnen und Lachs aus dem Sud heben. Sud durchsieben, Lauchzwiebeln damit ablöschen, Senf einrühren, kurz einkochen. Lachs mit zwei Gabeln grob zerteilen. Bohnen und Lachs zugeben. Mit Salz abschmecken.

4. Thymian waschen, trockentupfen. Nudeln abgießen und unter das Lachsragout heben. Mit frisch gemahlenem Pfeffer und einigen Thymianblättchen bestreuen.

Tips & Alternativen

Nicht nur die Frucht des Kaffir-Limetten-Baums, sondern auch seine Blätter sind wunderbar aromatisch. Man kann sie auch einfrieren.

Zutaten
für 4 Personen

500 g Penne
200 g Lachsfilet
250 g Kenia-Bohnen (oder ganz junge Prinzeß-Bohnen)
3 Lauchzwiebeln
3 Stiele Bohnenkraut
3 Zweige Thymian
1 Blatt Kaffir-Limette
2 EL Sonnenblumenöl
2 EL Dijonsenf
weißer Pfeffer
Jodsalz

Zubereitungszeit
40 Minuten

Frische-Check
Grüne Bohnen
Mai - Oktober

Getränketip
ausdrucksstarker Weißwein (Fendant)

Nährwerte (pro Portion)

Vitamin B1	57 %
Fett	13 g
Ballaststoffe	5 g
Kalorien	618

extra-tip

Rote Bete färben die Haut ein – deshalb zum Schälen am besten dünne Gummihandschuhe tragen. Solange die Knollen warm sind, löst sich ihre Schale leicht. Alternativ können Sie die Knollen auch roh mit einem Sparschäler schälen.

Tofu-Gnocchi auf **roter Bete**

Zutaten
für 4 Personen

für den Teig:

200 g Tofu
1-2 EL Vollkornweizenmehl
1 Eigelb
1 EL Schnittlauchröllchen
2 EL geriebener Meerrettich

für die Beilage:

400 g kleine rote Bete
100 g saure Sahne
250 ml Gemüsebrühe
1 TL Maiskeimöl
2 Bund Schnittlauch
weißer Pfeffer (Mühle)
Jodsalz

Zubereitungszeit
1 Stunde

Frische-Check
Rote Bete
Oktober – Februar

Getränketip
kühles Bier

Nährwerte (pro Portion)	
Folsäure	56 %
Fett	9 g
Ballaststoffe	5 g
Kalorien	171

1. Rote Bete waschen und in Salzwasser ca. 30 Minuten kochen.

2. Schnittlauch unter kaltem Wasser abbrausen, trockenschütteln, mit der Schere in feine Röllchen schneiden. Tofu mit einer Gabel fein zerdrücken, mit Eigelb, 1 EL Schnittlauchröllchen, Meerrettich und 1 EL Mehl vermischen, quellen lassen, bei Bedarf noch etwas Mehl unterarbeiten.

3. Rote Bete abgießen, kalt abspülen. Schalen abziehen, Knollen in dünne Scheiben schneiden. Keimöl in einer beschichteten Pfanne erhitzen, Gemüse zugeben und anschwitzen. Mit 3 EL Brühe ablöschen, zugedeckt bei milder Hitze ca. 5 Minuten dünsten, salzen und pfeffern.

4. Restliche Gemüsebrühe aufkochen. Aus dem Tofuteig mit zwei Löffeln ovale Gnocchi formen und in der leicht simmernden Brühe 10 Minuten lang garen. Saure Sahne mit restlichem Schnittlauch mengen. Rote-Bete-Gemüse mit Tofu-Gnocchi und Schnittlauchcreme anrichten.

Tips & Alternativen

Im Anhang zeigen wir Ihnen die Herstellung von Quarknockerl. Ihre Zubereitungsweise ist mit der dieser Gnocchi identisch.

Tagliatelle mit frischen Wildkräutern

Tips & Alternativen

Eine superschnelle, leicht zubereitete Zwischenmahlzeit oder Vorspeise. Dazu die Menge einfach halbieren.

extra-tip

Wenn Sie keinen Käsehobel haben, schneidet auch ein Sparschäler superfeine Scheiben vom Käseblock. Alternativ können Sie den Käse natürlich auch fein raspeln.

1. Nudeln in reichlich kochendem Salzwasser nach Packungsangabe al dente garen . Währenddessen die Zitrone gründlich unter heißem Wasser waschen, trockenreiben. Etwa 1 TL Schale abreiben, dann den Saft auspressen. Geriebene Schale, Saft, Ahornsirup, Salz und Pfeffer kräftig verrühren und die Öle mit einer Gabel einrühren.

2. Kräuter kalt abbrausen, trockenschütteln, Blättchen von den Stielen zupfen, grob hacken.

3. Nudeln abgießen, gut abtropfen lassen, mit der Sauce mischen, dann die Kräuter unterheben. Auf 4 Teller verteilen und Käse darüberhobeln.

Zutaten

für 4 Personen

400 g Tagliatelle
50 g Pecorino
2 große Bund gemischte Kräuter und Wildkräuter (z.B. Bärlauch, Kerbel, Brunnenkresse, Petersilie)
1 EL Olivenöl extra vergine
1 EL Weizenkeimöl
2 EL Gemüsebrühe
1 unbehandelte Zitrone
1 TL Ahornsirup
schwarzer Pfeffer (Mühle)
Jodsalz

Zubereitungszeit
15 Minuten

Frische-Check
Bärlauch
März – April

Getränketip
spritziger Vinho Verde

Nährwerte (pro Portion)

Vitamin E	54 %
Fett	10 g
Ballaststoffe	6 g
Kalorien	460

Zutaten
für 4 Personen

400 g Fettuccine
400 g Brokkoli
100 g Kirschtomaten
80 g Roquefort
4 EL Sonnenblumenöl
2 EL Sonnenblumenkerne
1 TL Kreuzkümmel
1 TL Kurkuma
4-5 Topfen Tabasco, Jodsalz

Zubereitungszeit
15 Minuten

Frische-Check
Kirschtomaten
ganzjährig

Getränketip
Weißwein (Sauvignon)

Nährwerte (pro Portion)	
Vitamin E	57 %
Fett	19 g
Ballaststoffe	7 g
Kalorien	585

Fettuccine mit gebratenem **Brokkoli**

extra-tip

Kurkuma, auch Gelbwurz genannt, färbt nicht nur Speisen. Ähnlich wie Curry hinterläßt es auch auf Arbeitsflächen aus Kunststoff oder Holz hartnäckige Flecken. Flekken am besten gleich mit Zitrone einreiben und mit Spülmittel und Wasser nachwischen.

1. Fettuccine in sprudelndem Salzwasser nach Packungsanweisung al dente kochen.

2. Brokkoli waschen, trockentupfen und in dünne Scheiben schneiden. Die Sonnenblumenkerne ohne Fett in einer Pfanne anrösten. 2 EL Öl in der Pfanne erhitzen. Kreuzkümmel und Kurkuma kurz anrösten, um ihren Geschmack zu intensivieren. Brokkoli zufügen, 3 Minuten braten.

3. Kirschtomaten waschen, halbieren. Nudeln abgießen und unabgetropft in die Pfanne geben. Das restliche Öl und die Tomatenhälften zufügen, vorsichtig umrühren. Roquefort zerbröckeln und einrühren. Vorsichtig mit Tabasco abschmecken und mit Sonnenblumenkernen bestreuen.

Tips & Alternativen

Roquefort am besten in einer Käseglocke oder einer speziellen Käsedose aufbewahren.

Zutaten
für 4 Personen

300 g Penne
250 g Brokkoli
250 g Romanesco, 2 Eier
150 g Vollmilchjoghurt
2 EL Olivenöl extra vergine
je 1 Bund Schnittlauch
und Estragon
1 EL Dijonsenf
1 EL Kapern, weißer Pfeffer
Muskat, Curry, Jodsalz

Zubereitungszeit
40 Minuten

Frische-Check
Brokkoli
Juni – Oktober

Getränketip
kühles Bier

Nährwerte (pro Portion)	
Vitamin C	152 %
Fett	10 g
Ballaststoffe	6 g
Kalorien	415

Pennesalat mit **Brokkoli** und Romanesco

1. Eier in sprudelndem Wasser 7 Minuten kochen. Penne in sprudelndem Salzwasser nach Packungsanweisung al dente kochen. Brokkoli und Romanesco waschen, in Röschen teilen. In Salzwasser mit Muskat 3 Minuten blanchieren.

2. Kräuter waschen, trockenschütteln und hacken. Mit Joghurt, Olivenöl und Senf zu einer glatten Creme rühren. Eier pellen, würfeln und zusammen mit den Kapern unterheben. Nudeln abgießen, kalt abspülen. Gemüse abgießen, ebenfalls kalt abspülen. Beides auf einer Salatplatte anrichten. Mit Eier-Joghurtcreme anrichten und mit Pfeffer und Curry bestreuen.

extra-tip

Brokkoli ist eine wahre Vitaminbombe. Vor allem Vitamin A und C sowie Folsäure sind reichlich enthalten. Achten Sie beim Einkauf auf feste, dunkelgrüne Köpfe. Im Kühlschrank hält sich Brokkoli etwa 2-3 Tage.

Tips & Alternativen

Den äußerst appetitlich aussehenden Romanesco bekommen Sie auf dem Wochenmarkt.

extra-tip

Echten Parmesankäse erkennen Sie an seinem Namen: Parmiggiano reggiano, der Hartkäse aus der Region Parma oder Reggio hat ein besonders gutes Aroma, aber auch seinen Preis. Als Kochalternative können Sie auch zu Grana Padano greifen.

Rigatoni mit **Brokkoli**

1 Zwiebel und Knoblauch pellen, fein hacken. Mit dem Öl in einer beschichteten, tiefen Pfanne oder Topf erhitzen und glasig dünsten. Brokkoli putzen, waschen und in Röschen teilen. Dicke Stiele schälen und kleinschneiden. Brokkoli und 4 EL Wasser zu den Zwiebeln geben und zugedeckt bei schwacher Hitze ca. 5 Minuten dünsten.

2 Nudeln in reichlich kochendem Salzwasser nach Packungsangabe al dente garen, abgießen und gut abtropfen lassen.

3 Inzwischen Tomaten kreuzweise einritzen, mit kochendem Wasser überbrühen, häuten und entkernen. Fruchtfleisch würfeln. Tomaten zum Brokkoli geben und alles aufkochen lassen. Mit Honig, Salz und Pfeffer abschmecken. Weitere 10 Minuten köcheln lassen, bis der Sugo um etwa ein Drittel reduziert ist. Sardellenfilets kalt abspülen, mit Küchenkrepp trockentupfen und fein hacken. Sardellen in die Sauce geben und kurz erhitzen.

4 Pinienkerne in einer Pfanne ohne Fett goldbraun rösten. Basilikum abbrausen, abtropfen lassen, Blättchen vom Stiel zupfen und fein hacken. Parmesan fein reiben. Nudeln und Sauce auf 4 tiefen Tellern anrichten. Mit Pinienkernen, Parmesan und Basilikum bestreuen, servieren.

Tips & Alternativen

Statt der Pinienkerne geben auch geröstete Mandelstifte den Nudeln Biß und Aroma.

Zutaten

für 4 Personen

400 g Rigatoni
500 g vollreife Flaschentomaten
500 g Brokkoli
1 Zwiebel
50 g Sardellenfilets
40 g Parmesan am Stück
1 EL Olivenöl extra vergine
1-2 TL Honig
1 EL Pinienkerne
einige Stiele Basilikum
2 Knoblauchzehen
schwarzer Pfeffer (Mühle)
Jodsalz

Zubereitungszeit
45 Minuten

Frische-Check
Flaschentomaten
Juni – September

Getränketip
kühler Weißwein (Verdicchio)

Nährwerte (pro Portion)

Vitamin C	167 %
Fett	12 g
Ballaststoffe	9 g
Kalorien	536

Neues *entdecken*

Ihr Traum – eine Weltreise? Auf geht's! Schnuppern, kochen und probieren Sie sich mit unseren Rezepten quer durch die halbe Welt: vom Mittelmeer nach Amerika, von der Karibik nach Fernost. Entdecken Sie Neues zuhauf und wagen Sie sich ruhig einmal an unbekannte Zutaten, ungewöhnliche Aromen und ungeahnte Zubereitungsmethoden. Und zwar zu Hause in Ihrer eigenen Küche und ohne großen Aufwand. Einfacher kann man nicht globetrotten!

Geräucherter Lachs auf **Reispapier**

Zutaten
für 4 Personen

12 Reispapierblätter
160 g Räucherlachs (in dünnen Scheiben)
1 Salatgurke
100 g Radieschensprossen
1 EL Olivenöl extra vergine
2 EL Sojaöl
3 EL Reisessig
2 EL Tamarindenpaste
ca. 2 cm frischer Ingwer
1 Knoblauchzehe
schwarzer Pfeffer (Mühle)
Jodsalz

Zubereitungszeit
40 Minuten

Frische-Check
Salatgurke
Juni – September

Getränketip
Sake oder trockener Sherry

Nährwerte (pro Portion)

Vitamin D	144 %
Fett	12 g
Ballaststoffe	2 g
Kalorien	197

1. Reispapier kurz in kaltem Wasser einweichen, herausnehmen, mit Küchenkrepp abtupfen, halbieren. Hälften in heißem Sojaöl (Vorsicht: es darf nicht rauchen!) goldbraun fritieren. Auf Küchenkrepp abtropfen lassen.

2. Gurke gründlich waschen, in 10 cm lange Stücke teilen, dann in feine Streifen schneiden. Sprossen kalt abbrausen, gründlich trockenschütteln. Für das Dressing die Tamarindenpaste mit etwas Wasser aufrühren und durch ein Sieb streichen. Mit dem Essig, Salz und Pfeffer kräftig verrühren, danach Öl mit einer Gabel unterschlagen. Ingwer und Knoblauch schälen, beides sehr fein hacken, zum Dressing rühren.

3. Auf 4 Teller 1 Reispapier legen, darauf Gurkenstreifen, etwas geräucherten Lachs und Radieschensprossen stapeln und mit Reispapier abdecken. Den Vorgang wiederholen, mit Sprossen garnieren. Dressing auf den Teller träufeln oder in kleinen Schälchen dazureichen.

Tips & Alternativen

Tamarindenpaste und Reispapier bekommen Sie mittlerweile in guten Supermärkten.

extra-tip

Damit das Reispapier nicht zusammenklebt, am besten einzeln im Wasser quellen lassen. Vorsicht: Die dünnen Teigblätter aus Reismehl reißen sehr leicht, deshalb behutsam auf die Arbeitsfläche legen.

extra-tip

Ganz dem Original entsprechend wird in diesem dem US-amerikanischen Salatklassiker nachempfundenen Rezept der knackig-dunkelgrünen Römersalat verwendet. Endiviensalat oder Radicchio passen aber auch.

Zutaten

für 4 Personen

250 g Penne
1 Römersalat
1 Knoblauchzehe
1 Tropfen Sesamöl
1 TL Sonnenblumenöl
1 EL Instant-Gemüsebrühe
1 TL Kurkuma
1 TL Kreuzkümmel
1 TL Curry
Salz
1 Römersalat

für das Salatdressing:

1 Knoblauchzehe
2 TL Dijonsenf
6-8 EL Zitronensaft
4 EL Sojaöl
20 g frisch geriebener Parmesan
schwarzer Pfeffer (Mühle)
Jodsalz

für die Croûtons:

1 Knoblauchzehe
etwas frischer Rosmarin und Thymian
2 Scheiben Weizenbrot
1 EL Olivenöl extra vergine

Pasta **Caesar Salad**

1 Nudeln in reichlich sprudelndem Salzwasser al dente kochen, abgießen und abtropfen lassen. Knoblauchzehe schälen und fein hacken. Mit den beiden Ölen, der Brühe und den Gewürzen verrühren. Die Zutaten mit den Nudeln mengen und abkühlen lassen.

2 Für das Dressing Knoblauch schälen, fein hacken und mit Senf und Zitronensaft verrühren. Sojaöl mit den Schneebesen des Handrührgerätes einarbeiten. Parmesan unterrühren. Mit Salz und Pfeffer abschmecken.

1 Für die Croûtons Knoblauch schälen, in Scheiben schneiden. Rosmarin und Thymian von den Stielen zupfen. Brot entrinden und in Würfel schneiden. Olivenöl erhitzen, Knoblauch, Kräuter und Brotwürfel darin anrösten, etwas salzen.

2 Römersalat putzen, in Streifen schneiden, mit dem Dressing mengen und mit den marinierten Nudeln auf Tellern anrichten. Croûtons als Garnierung darüberstreuen und servieren.

Tips & Alternativen

Verwenden Sie vorzugsweise Parmesan am Stück. Frisch gerieben ist er kein Vergleich zum Tütchen.

Zubereitungszeit
25 Minuten

Frische-Check
Römersalat
September-Mai

Getränketip
Kalifornischer Chardonnay

Nährwerte (pro Portion)

Vitamin E	34 %
Fett	19 g
Ballaststoffe	3 g
Kalorien	490

Zutaten
für 4 Personen

200 g Kanton-Nudeln
3 Lauchzwiebeln
200 g Brokkoli
100 g rote Linsen
2 EL Öl
200 g Vollmilch-Joghurt
1 Bund Koriandergrün
2 TL Kurkuma
1 TL Korianderkörner
1 TL Kreuzkümmel
2 Gewürznelken
5 schwarze Pfefferkörner
Jodsalz

Zubereitungszeit
20 Minuten

Frische-Check
Lauchzwiebeln
März – September

Getränketip
kühles Bier oder Lassi

Nährwerte (pro Portion)

Eisen	34 %
Fett	9 g
Ballaststoffe	7 g
Kalorien	398

Indisches Nudelcurry mit **roten Linsen**

1 Die Nudeln in sprudelndem Salzwasser nach Packungsanweisung weich kochen.

2 Den Koriander mit Pfeffer und Gewürznelken im Mörser oder im Universalzerkleinerer zerstoßen und Kreuzkümmel unterziehen.

3 Lauchzwiebeln putzen, waschen, trockentupfen und in Ringe schneiden. Brokkoli in feine Scheiben schneiden.

4 Öl erhitzen. Gewürze darin anrösten. Lauchzwiebeln, Brokkoli und Linsen zu den Gewürzen geben, kurz anbraten. Leicht salzen. 2 EL Wasser zugeben, 6 Minuten dünsten.

5 Joghurt und Kurkuma zufügen, gut umrühren. Nicht mehr kochen.

6 Nudeln abgießen, sofort unterheben. Koriander waschen, trockentupfen und das Gericht damit bestreuen.

extra-tip

Linsen sind in der indischen Küche unverzichtbar. Im Gegensatz zu den grünen und schwarzen Linsen müssen die roten nicht eingeweicht werden, zerfallen jedoch leicht. Deshalb das Curry nur vorsichtig umrühren.

Tips & Alternativen

Lassi ist der klassische und gesunde Durstlöscher aus Indien auf Yoghurtbasis.

extra-tip

Dieses Gericht eignet sich prima für große Parties, denn es läßt sich gut vorbereiten. Wer für so viele Gäste allerdings nicht die entsprechend große Auflaufform besitzt, kann sich mit der Fettpfanne des Backofens behelfen.

Tips & Alternativen

Für überbackene Gerichte tut's auch der preiswertere Mozzarella aus Kuhmilch.

Auberginen-Lasagne mit **Mozzarella**

1 Backofen auf 200° C vorheizen. Suppengrün putzen, waschen, fein würfeln. Knoblauch pellen, durch eine Knoblauchpresse drücken. Aubergine waschen. Ungeschält in dünne Scheiben schneiden. Zusammen mit Suppengrün und Knoblauch in 2 EL Olivenöl anbraten. Passierte Tomaten und Wein zugeben, 5 Minuten kochen. Kräuter waschen, trockentupfen, Blätter von den Stielen rebeln und hinzufügen. Gemüse mit Salz, Pfeffer und Piment kräftig abschmecken.

2 Eine Lasagneform oder eine rechteckige Auflaufform mit etwas Öl ausstreichen. Mozzarella in dünne Scheiben schneiden. Auberginensauce, Lasagneplatten und Mozzarella einschichten. Die obere Lasagneplattenschicht vollständig mit Sauce und Mozzarella bedecken. Mit Parmesan bestreuen und mit dem restlichen Öl beträufeln. Im Backofen 25 Minuten garen, bis die Pasta weich ist. Noch einige Minuten im Ofen auskühlen lassen, damit die Lasagne sich setzt.

Zutaten
für 4 Personen

9 grüne Lasagneplatten
1 Aubergine (ca. 400 g)
3 EL Olivenöl extra vergine
200 g Tomatenpassata (aus der Packung)
150 g Mozzarella
2 EL gehobelter Parmesan
1 Bund Suppengrün
3 Knoblauchzehen
100 ml trockener Rotwein
je 5 Zweige Oregano und Thymian
eine Prise Piment
weißer Pfeffer, Jodsalz

Zubereitungszeit
40 Minuten

Frische-Check
Auberginen
Februar-Oktober

Getränketip
junger Rotwein (Beaujolais Villages)

Nährwerte (pro Portion)

Folsäure	51 %
Fett	16 g
Ballaststoffe	5 g
Kalorien	343

Glasnudelsalat **asiatisch**

Zutaten
für 4 Personen

8 getrocknete Tongkupilze
75 g Glasnudeln
100 g Zuckerschoten
Jodsalz, 1/2 rote Paprika
50 g Bambussprossen
1 EL Sesamsaat
3 EL Sojasauce
2 EL Reiswein, 1 EL Ahornsirup
3 EL Sesamöl
einige Blätter Chinakohl
zum Anrichten

Zubereitungszeit
40 Minuten
(inkl. Einweichzeit)

Frische-Check
Paprika
Juni – November

Getränketip
grüner Tee

Nährwerte (pro Portion)

Vitamin C	41 %
Fett	10 g
Ballaststoffe	3 g
Kalorien	202

1. Die getrockneten Pilze mit kochendem Wasser übergießen und 30 Minuten einweichen. Glasnudeln in einer Schüssel mit heißem Wasser übergießen und nach Packungsanleitung kurze Zeit quellen lassen. Abtropfen lassen, eventuell mit einer Schere kleinschneiden.

2. Zuckerschoten waschen, putzen und die Fäden mit einem Küchenmesser abziehen. In wenig Salzwasser 5 Minuten dünsten, mit einer Schaumkelle herausheben und auf Küchenkrepp gut abtropfen lassen.

3. Paprikaschote waschen, trocknen, entkernen und von den Trennhäuten befreien. In sehr dünne, etwa 4 cm lange Streifen schneiden.

4. Sesamsaat in einer Pfanne ohne Fett goldbraun rösten, dann im Mörser etwas zerstoßen. Sojasauce, Reiswein und Sirup verrühren, Sesamsaat und Öl dazugeben und kräftig aufschlagen.

5. Chinakohlblätter waschen, trockenschütteln und auf Tellern auslegen. Pilze in einem Sieb abtropfen lassen und in schmale Streifen schneiden.

6. Glasnudeln, Zuckerschoten, Paprika, Bambussprossen, Pilze und das Sesamdressing vermischen. Auf den Chinakohlblättern anrichten.

Glasnudeln

Glasnudeln haben mit den Nudeln unserer Breitengrade nichts gemein. Weder gehören sie (laut Lebensmittelgesetz) zu den Teigwaren noch bestehen sie aus den nudelüblichen Zutaten (Mehl, Grieß, evtl. Ei). Glasnudeln werden aus Mungobohnenstärke und Wasser hergestellt. Sie sind fadenfein und völlig durchsichtig. Im Gegensatz zu den Reisnudeln bleiben sie auch beim Garen glasklar. Sie werden nicht al dente gekocht, sondern mit kochendem Wasser überbrüht und müssen dann nur einige Minuten durchziehen.

extra-tip

Den gerösteten Sesam können Sie auch ganz belassen. Das sieht zwar schöner aus, allerdings entfaltet Sesam sein volles Aroma erst, wenn er im Mörser zerstoßen wird. In Asienläden erhalten Sie auch spezielle Sesammühlen.

Tips & Alternativen
Statt der Glasnudeln können Sie auch gekochten Reis verwenden

Indische Teigtaschen mit Minzedip auf Salat

Zutaten
für 4 Personen

für den Teig:

175 g Weizenmehl
(Type 550)
1 TL Jodsalz, 1 TL Kurkuma
2 EL Öl

für die Füllung:

200 g Lauch
3 Knoblauchzehen
1 getrocknete rote Chili
1 TL Kreuzkümmel
je 3 Koriander-
und Pfefferkörner
Jodsalz, 1 EL Öl
200 g Lammhackfleisch

für Dip und Salat:

200 g fettarmer Joghurt
2 EL Limettensaft
1 EL Mango-Chutney
(aus dem Glas)
5 Zweige Minze
weißer Pfeffer
1 Eichblattsalat

außerdem:

1 l Öl zum Fritieren

1. Teigzutaten mit 75 ml Wasser zu einem glatten Teig verkneten. In Frischhaltefolie einwickeln und im Kühlschrank 1 Stunde ruhen lassen.

2. Lauch putzen, waschen, in sehr feine Ringe schneiden, Knoblauch pressen. Chili, Kreuzkümmel, Koriander und Pfeffer im Mörser zerstampfen. Öl erhitzen. Die Gewürze, dann Lauch, Knoblauch und Hackfleisch anbraten. Abkühlen lassen.

3. Währenddessen Joghurt, 1 Eßlöffel Limettensaft und Chutney glattrühren, Minze waschen, hacken, zugeben. Leicht pfeffern und kühl stellen. Salat waschen, abtropfen lassen und zerzupfen. Auf einer großen Platte auslegen und mit dem restlichen Limettensaft beträufeln.

4. Teig in zwei Teile teilen und auf einer bemehlten Arbeitsfläche sehr dünn ausrollen. Auf einer Teigplatte im Abstand von 8-10 cm eßlöffelweise das Fleisch verteilen. Die andere Teigplatte darüberlegen. Mit den Fingerspitzen die Zwischenräume gut andrücken und mit einem Teigrädchen große viereckige Teigkissen ausschneiden. Die „Nähte" der Täschchen überprüfen: Sie müssen gut verschlossen sein.

5. Öl in einem Topf erhitzen. Jeweils 3 – 4 Teigkissen mit einer Schaumkelle hineingleiten lassen und knusprigbraun fritieren. Herausnehmen und auf Küchenkrepp abtropfen lassen.

6. Die fertigen Teigtaschen auf dem Salat anrichten und die Minzesauce dazu reichen.

Tips & Alternativen

Da Sojasauce viel Salz enthält, kann man auf den Salzstreuer getrost verzichten, zumal auch die Eiernudeln bereits gesalzen sind .

variation

Gebratene Mie-Nudeln
(für 4 Personen)

250 g Mie-Nudeln
100 g TK-Erbsen
100 g Shiitake-Pilze
200 g Lauch
5 Weißkohlblätter
1 Zwiebel, 2 EL Öl
4 EL helle Sojasauce
1 Bund Schnittlauch
1-2 TL Sambal oelek
1 TL Currypulver

Zubereitung

1. *Shiitake putzen, halbieren. Zwiebel pellen und in Ringe schneiden. Lauch putzen, waschen, trockentupfen, in dünne Streifen schneiden. Den Kohl ebenfalls waschen, trockentupfen und in dünne Streifen schneiden.*
2. *Nudeln ins sprudelnde Wasser geben, mit der Gabel auseinanderziehen, 1 Min. sprudelnd kochen, herausheben, abtropfen lassen.*
3. *Öl in einer großen Pfanne erhitzen. Gemüse und Erbsen unter Rühren bei hoher Hitze 1 Minute braten. Gemüse an die Seite schieben. Nudeln in die Pfanne geben und knusprig braten. Mit Gemüse mischen. Sojasauce, Sambal oelek, 3 EL Wasser zugeben, einmal aufkochen.*
4. *Schnittlauch waschen, trockentupfen und in Röllchen schneiden. Nudeln mit Schnittlauch und Curry bestreuen und servieren.*

extra-tip

Damit das Fritieröl nicht in die Teigtaschen eindringt, muß es richtig heiß sein. Das können Sie mit einem Holzlöffel überprüfen: Den Holzstiel in das heiße Fett halten; wenn am Stiel Blasen aufsteigen, ist das Fett gerade richtig.

Zubereitungszeit
1 Stunde 30 Minuten
(inkl. Ruhezeit)

Frische-Check
Eichblattsalat
März – Oktober

Getränketip
Mineralwasser

Nährwerte (pro Portion)	
Eisen	22 %
Fett	20 g
Ballaststoffe	3 g
Kalorien	410

Zutaten
für 4 Personen

für den Teig:

1 EL gemahlene Walnüsse

370 g Mehl

Jodsalz

6 Eier (Größe M)

1 EL Maiskeimöl

für die Sauce:

300 g Pfifferlinge

4 Schalotten

1/2 Bund Schnittlauch

1 EL Maiskeimöl

frischer Thymian

eine Prise frisch geriebenes Muskat

weißer Pfeffer, Jodsalz

Zubereitungszeit
30 Minuten

Frische-Check
Pfifferlinge
September – November

Getränketip
deutscher Weißwein (Riesling oder Silvaner)

Nährwerte (pro Portion)	
Vitamin B12	68 %
Fett	15 g
Ballaststoffe	5 g
Kalorien	560

extra-tip

Die gelben Pfifferlinge sind zu Recht begehrte Speisepilze: Sie sind fester als andere Pilze, werden selten madig und halten sich gut. Ihr Nachteil: Sie saugen sich leichter mit Wasser voll als andere Pilze. Pfifferlinge deshalb nur mit einem feuchten Tuch reinigen.

Nußspätzle mit Pfifferlingen

1. Nüsse, Mehl, 1 TL Salz, Eier und 1 EL Öl mit den Schneebesen des Handrührgerätes verrühren, bis der Teig Blasen wirft. Etwas quellen lassen.

2. Schalotten schälen und fein würfeln. Pilze putzen und bei Bedarf zerkleinern. 1 EL Öl in einer Pfanne erhitzen, Schalottenwürfel darin anbraten. Pilze zugeben und unter Wenden 3 Minuten braten. Mit Thymian, Muskat, Salz und Pfeffer würzen.

3. Reichlich Salzwasser aufkochen, von dem Teig jeweils 2-3 EL auf ein angefeuchtetes Holzbrett geben. Mit einem großen Messer feine, schmale Spätzlestreifen vom Teig in das kochende Wasser schaben. Wenn die Spätzle an die Oberfläche steigen, mit einer Schaumkelle herausheben, gut abtropfen lassen.

4. Die Spätzle noch heiß mit den Pilzen mengen. Schnittlauch in Röllchen schneiden und vor dem Servieren darüberstreuen.

Tips & Alternativen

Dieses Gericht schmeckt natürlich auch toll mit frischen Steinpilzen!

Kokos-Gambas mit Reisbandnudeln

1. Nudeln in sprudelndem Salzwasser nach Packungsanweisung garen. Das Öl erhitzen.

2. Gambas mit Limettensaft beträufeln. Schalotten schälen, würfeln. Chillies aufschneiden, entkernen, abspülen und fein würfeln. Mit den Gambas im heißen Öl kurz anbraten. Marinade, Kokosmilch und Zitronengras im Stück zufügen. 5 Minuten durchkochen. Zitronengras entfernen.

3. Papaya schälen, entkernen. Fruchtfleisch würfeln und zu den Gambas geben. Sauce mit Salz und Curry abschmecken. Nudeln abgießen und dazu servieren.

extra-tip

Papayas sind vollreif und aromatisch, wenn ihre grüne Schale sich gelblich verfärbt und sich die Früchte leicht eindrücken lassen. Ihr Duft erinnert an Melone. Reife Früchte lassen sich höchstens 2-3 Tage lagern.

Zutaten
für 4 Personen

300 g schmale Reisbandnudeln
300 g TK-Gambas, entdarmt und ohne Schale
1 EL Limettensaft
3 Schalotten
2 rote Chillies
3 EL Öl
200 ml ungesüßte Kokosmilch
ein 5 cm langes Stück Zitronengras
1 Papaya
1-2 TL Madras-Curry
Jodsalz

Zubereitungszeit
30 Minuten

Frische-Check
Papaya
Oktober – März

Getränketip
feiner Weißwein
(Gavi di Gavi)

Nährwerte (pro Portion)

Vitamin C	66 %
Fett	8 g
Ballaststoffe	1 g
Kalorien	447

Zutaten
für 4 Personen

400 g Vollkornspaghetti
400 g Catfishfilet (Zwergwels)
500 g vollreife Tomaten
200 g Bleichsellerie
3 Lauchzwiebeln
2 EL Olivenöl extra vergine
2 EL Rotweinessig
1 TL Honig
50 g marinierte schwarze Oliven, entsteint
4 Zweige Oregano
1 Prise Knoblauchpfeffer
weißer Pfeffer, Jodsalz

Zubereitungszeit
30 Minuten

Frische-Check
Bleichsellerie
Juni – Oktober

Getränketip
Kalifornischer Chardonnay

Nährwerte (pro Portion)	
Eisen	46 %
Fett	11 g
Ballaststoffe	10 g
Kalorien	532

Vollkornspaghetti auf **Catfishsugo**

1. Vollkornspaghetti in sprudelndem Salzwasser nach Packungsanweisung al dente kochen.
2. Fischfilet kalt abspülen, trockentupfen und würfeln. Leicht mit Pfeffer bestreuen.
3. Tomaten waschen, abtrocknen und achteln. Bleichsellerie putzen, Fäden abziehen, waschen und in fingerbreite Stücke schneiden. Lauchzwiebeln waschen und in Ringe schneiden.
4. Olivenöl in einer Pfanne erhitzen. Fisch darin von allen Seiten anbraten, herausnehmen. Gemüse hinzugeben und 5 Minuten braten. Mit Rotweinessig und Honig abschmecken. Fisch und Oliven hinzufügen, kurz darin ziehen lassen. Oregano waschen, trockentupfen und die Blättchen in die Sauce streuen.
5. Nudeln abgießen, unterheben. Mit Knoblauchpfeffer bestreuen.

extra-tip

Der Catfish hat in den letzten Jahren dank Neuzüchtung in den USA eine Neubewertung erfahren. Zwergwels finden Sie auch als Schaid oder Schaden im Handel; letzteren Namen verdankt er dem Schatten, den der dunkelhäutige Fisch in seinem Lebensraum am Grund von Flüssen oder Seen wirft.

Tips & Alternativen

Nudelreste ohne Sauce lassen sich gut einfrieren. Einfach in kochendem Wasser auftauen und weiterverarbeiten.

extra-tip

Diese Nudeln schmekken auch mit gebratenen Pilzen und frischen Kräutern sehr lecker. Der Teig läßt sich in Klarsichtfolie verpackt 2 Tage im Kühlschrank aufbewahren.

Polentastreifen mit **Kürbiskernpesto**

1 Mehl, Polenta, Eier und 1 TL Jodsalz zu einem elastischen Teig zusammenkneten. Teig in Klarsichtfolie wickeln und 1 Stunde im Kühlschrank ruhen lassen.

2 Basilikum waschen, trockenschütteln. Blättchen abzupfen. Brötchen in der Brühe einweichen. Beides mit den Kürbiskernen in eine Rührschüssel füllen. Mit dem Pürierstab pürieren. Dabei das Öl langsam unterarbeiten. Zitronensaft und Käse hinzugeben, nochmals pürieren. Mit Pfeffer abschmecken.

1 Einen großen Topf mit Salzwasser zum Kochen bringen. Den Teig auf der gut bemehlten Arbeitsfläche dünn ausrollen. Mit einem Teigrädchen fingerbreite Streifen ausrädeln. Im Abstand von ca. 5 cm quer durchrädeln, so daß fingerlange Teigstücke entstehen. Die Teigstücke mit einem Messer hochheben und sofort in das kochende Wasser gleiten lassen. 8-9 Minuten kochen. Abgießen und mit dem Pesto servieren.

Tips & Alternativen

Mit Polenta (Maisgrieß) kochen unsere Nachbarn in der Schweiz und Italien. Im Bioladen oder guten Supermarkt zu finden.

Zutaten
für 4 Personen

für den Teig:
- 120 g Weizenmehl (Type 405)
- 100 g Polenta (Maisgrieß)
- 2 Eier, 1 TL Jodsalz

für das Pesto:
- ein halbes Brötchen
- 30 g gerieb. Greyerzer Käse
- 150 ml Steinpilz-Hefebrühe
- 2 EL Kürbiskernöl
- 100 g Kürbiskerne
- 3 Zweige Basilikum
- 1 TL Zitronensaft
- eine Prise weißer Pfeffer

Zubereitungszeit
1 Stunde 30 Minuten (inkl. Ruhezeit)

Frische-Check
Basilikum
Juni-September

Getränketip
kräftiger Rotwein (Blauer Zweigelt)

Nährwerte (pro Portion)

Vitamin E	32 %
Fett	13 g
Ballaststoffe	3 g
Kalorien	433

Tips & Alternativen

Die kleinen Mini-Maiskolben passen zu vielen asiatischen Gerichten.

Thai-Bandnudeln mit scharfem Gemüse

Zutaten
für 4 Personen

300 g schmale Reisbandnudeln
150 g kleine Maiskolben
1 kleiner Rettich (ca. 200 g)
2 rote Peperoni
1 Lauchstange (ca. 250 g)
10 Stiele Schnittknoblauch
1 Kästchen rote Kresse
1 Karambole
2 EL Öl
3 EL Austernsauce
Jodsalz

Zubereitungszeit
30 Minuten

Frische-Check
Karambole
ganzjährig

Getränketip
kühles Bier oder Mineralwasser

Nährwerte (pro Portion)	
Vitamin C	60 %
Fett	5 g
Ballaststoffe	3 g
Kalorien	418

1. Reisbandnudeln in kochendem Salzwasser nach Packungsanweisung (in der Regel zwischen 7-10 Minuten) garen.

2. Maiskolben waschen, trockentupfen und längs halbieren. Rettich schälen, in sehr dünne Scheiben schneiden. Peperoni aufschneiden, die Kerne herausschaben, unter fließendem Wasser abspülen. Peperoni in sehr dünne Streifen schneiden. Lauch putzen, waschen und in fingerlange, dünne Julienne-Streifen schneiden. Öl in einer großen Pfanne oder im Wok erhitzen. Gemüse darin bißfest garen. Karambole waschen, in Scheiben schneiden und hinzufügen. Austernsauce und 100 ml Wasser einrühren.

3. Nudeln abgießen, sofort zum Gemüse geben. Schnittknoblauch und Kresse waschen, kleinschneiden und auf die Nudeln streuen.

extra-tip

Wer einen Asia-Laden in der Nähe hat, findet dort alle genannten Zutaten. Austernsauce gibt es oft auch in der Spezialitätenabteilung der Supermärkte. Frische Kräuter, z.B. Schnittknoblauch und rote Kresse gibt es ebenfalls im Asia-Laden (und in guten Gemüsegeschäften auf Vorbestellung). Die Kräuter halten sich in einer Plastiktüte im Gemüsefach des Kühlschranks etwa 1 Woche.

Chinesische Nudeln mit **Thunfisch**

1 Thunfisch unter kaltem Wasser abspülen, mit Küchenkrepp trockentupfen, salzen. Zitronen auspressen, Knoblauch pellen und fein hacken, mit dem Saft verrühren, Thunfisch damit beträufeln, kühl stellen und marinieren lassen.

2 Sesam in einer Pfanne ohne Fett rösten, herausnehmen. Zuckerschoten fädeln, Möhren gründlich unter kaltem Wasser bürsten, Lauchzwiebeln und Zuckerschoten waschen, Spargel großzügig schälen, alles kleinschneiden.

3 Nudeln nach Packungsanweisung mit kochendem Wasser überbrühen und quellen lassen. Öle erhitzen, Möhren zugeben, anschwitzen, mit 2 EL Sojasauce ablöschen, zugedeckt dünsten, nach 3 Minuten das restliche Gemüse zugeben und weitere 3 Minuten dünsten (bei Bedarf etwas Wasser zugeben). Gericht pfeffern und zerstoßenen Sesam unterrühren. Die abgetropften Nudeln hinzugeben und 1 Minute durchziehen lassen.

4 Thunfisch abtropfen lassen. Auf dem Grill auf beiden Seiten ca. 4 Minuten braten. Brunnenkresse unter kaltem Wasser abbrausen, Blättchen vom Stiel zupfen. Nudeln auf 4 Teller verteilen, Thunfisch darangeben, mit Kresse und restlichen Sesamsamen anrichten, sofort servieren.

Tips & Alternativen

Besonders schnell und gleichmäßig gart Gemüse im Wok.

extra-tip

Thunfischsteaks bekommen Sie bei guten Fischhändlern und gutsortierten Supermärkten. Thunfisch hat dunkelrotes, mageres Fleisch, ist zwar nicht gerade billig, aber äußerst köstlich. Bei der Garzeit ist Vorsicht geboten: Wie jeder andere Fisch verträgt auch Thunfisch keine langen Kochzeiten.

Zutaten
für 4 Personen

- 200 g chin. Eiernudeln
- 2 Thunfischsteaks (je ca. 200g)
- 500 g weißer Spargel
- 1 Bund Lauchzwiebeln
- 100 g Zuckerschoten
- 4 Möhren
- 1 TL Sesamöl
- 1 TL Sojaöl
- 1 EL chinesische Sojasauce
- 1 Zitrone
- 2 Knoblauchzehen
- 2 EL Sesamkörner
- etwas Brunnenkresse
- schwarzer Pfeffer (Mühle)
- Jodsalz

Zubereitungszeit
40 Minuten

Frische-Check
weißer Spargel
April – Juni

Getränketip
kräftiger Rotwein (Côte du Rhône)

Nährwerte (pro Portion)

Folsäure	64 %
Fett	17 g
Ballaststoffe	9 g
Kalorien	472

Zutaten
für 4 Personen

400 g dünne Spaghettini
1 Bund Lauchzwiebeln
750 g Möhren
3 vollreife Fleischtomaten (ca. 500 g)
1 EL Olivenöl extra vergine
2 Knoblauchzehen
einige Zweige Basilikum
2 EL Kürbiskerne
2 rote Chillies
schwarzer Pfeffer (Mühle)
Jodsalz

Zubereitungszeit
45 Minuten

Frische-Check
Lauchzwiebeln
Juni – Oktober

Getränketip
kühles Bier

Nährwerte (pro Portion)	
Eisen	45 %
Fett	8 g
Ballaststoffe	13 g
Kalorien	491

Spaghettini mit scharfer **Möhrensauce**

1. Kürbiskerne in einer Pfanne ohne Fett rösten, herausnehmen. Lauchzwiebeln putzen und waschen, Möhren gründlich unter kaltem Wasser abbürsten, bei Bedarf schälen. Beides kleinschneiden. Chillies waschen, Stiele entfernen, Schoten längs halbieren, entkernen und fein hacken. Den Knoblauch pellen.

2. Öl in eine beschichtete Pfanne geben, Knoblauch dazupressen und erhitzen. Möhren und Chillies hinzugeben, kurz anbraten, salzen, mit 100 ml Wasser ablöschen und 10 Minuten zugedeckt dünsten. Nach 5 Min. Garzeit die Lauchzwiebeln hinzugeben.

3. Reichlich Salzwasser für die Nudeln erhitzen. Tomaten kreuzweise einritzen, mit kochendem Wasser überbrühen und häuten, Stielansatz und Kerne entfernen, Fruchtfleisch würfeln. Zu den Möhren geben, noch 10 Minuten köcheln lassen.

4. Spaghettini nach Packungsangabe in sprudelndem Salzwasser al dente kochen, abgießen und abtropfen lassen. Basilikum kalt abbrausen, trockenschütteln, Blättchen grob hacken. Sauce mit Pfeffer kräftig abschmecken, mit den Nudeln auf 4 Teller geben, mit Kürbiskernen und Basilikum anrichten, sofort servieren.

Tips & Alternativen

Statt Kürbiskernen passen auch Pinienkerne.

extra-tip

Vorsicht: Nicht mit „Chili-Fingern" an die Augen kommen, denn was scharf auf der Zunge brennt, zeigt diese Wirkung auch an anderen empfindlichen Stellen. Die Hände gleich heiß abwaschen.

extra-tip

Zu diesem Gericht paßt auch sehr gut Mangold. Dazu die dicken Stiele in Stücke teilen und mit den dunklen Blättern etwa 6 Minuten garen.

Möhrentagliatelle zu Hähnchensaltimbocca

1 Möhren schälen, zu einem feinen Püree reiben und gut ausdrücken. Mit Mehl, Eiern und einer Prise Salz in eine Schüssel geben. Mit einem Holzlöffel verrühren, dann mit den Händen zu einem glatten Teig verkneten. In Klarsichtfolie wickeln. 1 Stunde kühl stellen.

2 In der Zwischenzeit Spinat verlesen, mindestens zweimal waschen, abtropfen lassen. Die Hähnchenbrustfilets mit dem Parmaschinken belegen (und dabei eventuell vom Schinken den Fettrand entfernen). Auf jedes Filet 2 Salbeiblättchen legen. Schinken und Salbei mit Holzstäbchen oder Zahnstochern auf dem Fleisch feststecken. Leicht pfeffern.

3 Einen großen Topf mit Salzwasser zum Kochen bringen. Den Nudelteig auf einer bemehlten Arbeitsfläche dünn ausrollen. Mit einem scharfen Messer gleichmäßig in dünne Streifen schneiden. Vorsichtig ins kochende Wasser geben und 4-5 Minuten kochen lassen, bis sie weich gegart sind und an die Oberfläche steigen.

4 Das Öl in einer Pfanne erhitzen. Das Fleisch darin unter Wenden 6 Minuten braten. Leicht salzen. Herausnehmen und warm stellen. Spinat und 2 EL Wasser in den Bratfond geben. 1 Minute dünsten. Mit Macis abschmecken. Gorgonzola zerbröckeln und hinzugeben.

5 Nudeln abgießen, abtropfen lassen. Mit Fleisch und Gorgonzola-Spinat anrichten.

Tips & Alternativen

Im Anhang zeigen wir Ihnen, wie selbstgemachte Nudeln sicher gelingen.

Zutaten
für 4 Personen

für den Teig:
- 300 g Weizenmehl (Type 405)
- 100 g Möhren
- 3 Eier, Jodsalz

für das Fleisch:
- 4 Hähnchenbrustfilets (à ca. 80 g)
- 500 g Blattspinat
- 80 g Gorgonzola
- 4 Scheiben Parmaschinken
- 1 EL Öl, 8 Salbeiblätter
- etwas Macis (Muskatblüte)
- weißer Pfeffer

Zubereitungszeit
1 Stunde 15 Minuten

Frische-Check
Spinat
April – September

Getränketip
gut gekühlter Weißwein (Verdicchio)

Nährwerte (pro Portion)

Eisen	75 %
Fett	18 g
Ballaststoffe	5 g
Kalorien	599

Zutaten
für 4 Personen

300 g Spaghettini
10 kleine Zucchini
mit Blüte (ca. 600g)
4 Schalotten
1 EL Olivenöl extra vergine
1 EL Walnußöl
40 g Pecorino im Stück
2 Zweige Estragon
2 Knoblauchzehen
schwarzer Pfeffer (Mühle)
Jodsalz

Zubereitungszeit
30 Minuten

Frische-Check
Zucchini
Juni – November

Getränketip
feiner Weißwein (Sancerre)

Nährwerte (pro Portion)

Niacin	33 %
Fett	11 g
Ballaststoffe	6 g
Kalorien	390

Spaghettini mit **Zucchiniblüten**

1 Reichlich Salzwasser für die Nudeln erhitzen. Knoblauch pellen, Zucchini gründlich waschen, die Blüten abschneiden und beiseite legen. Knoblauch und Zucchini in Scheiben schneiden. Schalotten schälen und in Spalten schneiden. Estragon kalt abbrausen, trockenschütteln, Blättchen vom Stiel zupfen, beiseite stellen.

2 Schalotten mit dem Olivenöl erhitzen, Zucchini hinzugeben, mit 2 EL Wasser ablöschen. Mit Knoblauch, Salz und Pfeffer würzen, Estragon hinzugeben und zugedeckt ca. 4 Minuten dünsten. Zucchiniblüten kurz vor Garzeitende dazugeben.

3 Spaghettini nach Packungsangabe in sprudelndem Salzwasser al dente kochen. Abgießen, abtropfen lassen und noch heiß mit dem Nußöl mengen. Auf 4 Teller verteilen. Zucchini dazu anrichten, Pecorino darüberhobeln, sofort servieren.

extra-tip

So bereiten Sie die Zucchiniblüten vor: Die Blütenstempel mit einem spitzen, scharfen Messer herausschneiden. Die Blüte innen und außen vorsichtig mit kaltem Wasser abspülen. Vor dem Verarbeiten mit Küchenkrepp trockentupfen.

Tips & Alternativen

Statt Walnußöl aromatisiert auch Haselnußöl oder Knoblauchöl die Nudeln.

Thymiangnocchi mit geschmolzenen Tomaten

1 Kartoffeln waschen. Mit Schale kochen. Thymian waschen, abtrocknen und die Blättchen abrebeln. Kartoffeln abgießen, heiß pellen. Durch die Kartoffelpresse in eine große Rührschüssel drükken. Masse etwas abkühlen lassen. Mit einem Handrührgerät Mehl, Grieß, Eigelb, Thymian und Muskat unter die Kartoffelmasse rühren. Teig 10 Minuten ruhen lassen.

2 Tomaten oben kreuzweise einritzen. In kochendes Wasser tauchen. Die Haut abziehen. Tomaten würfeln. Lauchzwiebeln waschen und in feine Ringe schneiden. Basilikum waschen, trokkenschütteln und zerpflücken. Öl erhitzen. Lauchzwiebeln, Tomatenwürfel und Basilikum darin kurz dünsten. Mit Salz und Pfeffer würzen.

3 Einen großen Topf mit Salzwasser zum Kochen bringen. Teig in 4 Teile teilen und zu 3-4 cm dicken Röllchen formen. Mit einem scharfen Messer 2 cm dicke Scheiben abschneiden. Mit einem Gabelrücken eindrücken oder mit einem Gabelrücken in einer rollenden Bewegung zu winzigen Klößchen mit einem Luftloch in der Mitte formen. Gnocchi gleich ins Wasser geben, das nur noch sieden darf, und 8-10 Minuten ziehen lassen. Herausnehmen und in die Sauce geben.

Zutaten
für 4 Personen

für den Gnocchiteig:

- 500 g Kartoffeln
- 75 g Mehl (Type 550)
- 50 g Grieß
- 1 Eigelb
- 1 Bund Thymian
- Jodsalz, Muskat

für die Tomaten:

- 800 g Tomaten
- 3 Lauchzwiebeln
- ein halbes Bund Basilikum
- 4 EL Olivenöl extra vergine
- Jodsalz, weißer Pfeffer

Zubereitungszeit
1 Stunde 15 Minuten.

Frische-Check
Thymian
ganjährig

Getränketip
einfacher roter Landwein

Nährwerte (pro Portion)

Selen	149%
Fett	12 g
Ballaststoffe	5 g
Kalorien	350

extra-tip

Wer Gnocchi auf Vorrat herstellen kann, kann sie knapp gegart nebeneinander auf ein Blech legen und einfrieren. Gut durchgefroren wandern sie dann in einen Gefrierbeutel und nehmen im Gefrierschrank nicht mehr viel Platz weg.

Kräuterspätzle auf Steinpilz-Rauke-Salat

Zutaten
für 4 Personen

für den Spätzleteig:

400 g Weizenmehl (Type 550), 4 Eier
je 5 Zweige Dill u. Petersilie
4 Borretschblätter
1 TL Jodsalz

für den Salat:

eine halbe Ogenmelone
200 g frische Steinpilze
1 Schalotte, 1 Bund Rauke
6-8 Borretschblüten
2 EL Sonnenblumenöl
2 EL Kürbiskernöl
2 EL Rotweinessig
1 Prise Piment
schwarzer Pfeffer, Jodsalz

Zubereitungszeit
1 Stunde

Frische-Check
Steinpilze
Juli – Oktober

Getränketip
frischer junger Rotwein

Nährwerte (pro Portion)	
Selen	500%
Fett	17 g
Ballaststoffe	9 g
Kalorien	584

1 Mehl, Eier, 100-125 ml Wasser und Salz mit dem Handrührgerät zu einem glatten Teig verrühren. Kräuter waschen, gut trockentupfen, sehr fein hacken und unterrühren. Den Teig 10 Minuten ruhen lassen.

2 Rauke und Borretschblüten waschen, trockenschütteln. Melone schälen, in Spalten schneiden. Alles auf einer großen Salatplatte anrichten.

3 Steinpilze vorsichtig mit einem Pinsel abbürsten. Eventuell Druckstellen vorsichtig herausschneiden. Pilze in dünne Scheiben schneiden. Schalotte pellen, würfeln. Mit den Pilzen ins heiße Sonnenblumenöl geben und kurz anbraten. Mit Salz, Pfeffer und Piment würzen. Pilze kurz abkühlen lassen, auf dem Salat anrichten. Bratfond mit Rotweinessig und Kürbiskernöl verrühren. Salat mit der Hälfte davon beträufeln.

4 In einem großen Topf ca. 4 Liter Wasser mit Salz zum Kochen bringen. Ein Küchenbrett kalt abspülen. Den Teig löffelweise auf dem Brett glattstreichen, das Brett über den Topf halten und mit einem großen Messer dünne Teigstreifen in das Wasser schaben, das nur sieden, nicht sprudelnd kochen sollte. Sobald die Spätzle nach oben steigen, mit einer Schaumkelle herausheben. Auf dem Salat anrichten. Mit der restlichen Marinade beträufeln und servieren.

extra-tip

Wer gerne Spätzle selber herstellt, kann sich dafür auch eine Spätzlepresse anschaffen. Der Teig wird in die Presse gefüllt und direkt ins kochende Wasser gedrückt. So werden sie auch dünner und gleichmäßiger als die handgemachten.

Tips & Alternativen

Im Anhang zeigen wir Ihnen, wie Sie Spätzle auch mit dem Spätzlebrett zubereiten können.

Gurken-Lachs-Consommé mit Basilikumspätzle

1 Basilikum waschen, in dünne Streifen schneiden. Alle Teigzutaten mit 50 ml Wasser und dem Handmixer zu einem glatten Teig verarbeiten. 15 Minuten ruhen lassen.

2 In der Zwischenzeit Salzwasser in einem großen Topf aufkochen. Die Gurke schälen, längs halbieren und entkernen und hauchdünn aufschneiden. Öl erhitzen. Gurkenscheiben und Senfpulver darin andünsten. Mit Wein und Fond ablöschen, 5 Minuten kochen. Lachs würfeln. In der Brühe 5 Minuten garen lassen.

3 Teig in eine Spätzlepresse füllen und in das kochende Wasser drücken. Die garen Spätzle mit einer Schaumkelle herausheben und gleich in die Consommé geben. Kräuter waschen, hacken und die Suppe damit bestreuen. Mit Salz und Cayennepfeffer abschmecken.

Tips & Alternativen

Im Mörser lassen sich Senfkörner ganz einfach zu einem feinen Pulver zerstoßen.

extra-tip

Schmorgurken können Sie am besten entkernen, indem Sie sie der Länge nach aufschneiden und dann die Kerne mit einem Eßlöffel herausschaben.

Zutaten
für 4 Personen

für den Teig:
- 200 g Weizenmehl (Type 550)
- 2 Eier
- 1 TL Jodsalz
- 10 Basilikumblätter

für die Suppe:
- 300 g Lachsfilet
- 1 kleine Schmorgurke (ca. 400 g)
- 2 EL Olivenöl extra vergine
- 100 ml trockener Weißwein (z.B. Silvaner)
- 800 ml Gemüsefond (aus dem Glas)
- 4 Zweige Basilikum
- 1 Bund Dill
- 1 TL gemahlene Senfkörner
- Cayennepfeffer

Zubereitungszeit
1 Stunde

Frische-Check
Schmorgurken
August – Oktober

Getränketip
Weißwein (Silvaner)

Nährwerte (pro Portion)	
Selen	150 %
Fett	18 g
Ballaststoffe	2 g
Kalorien	263

Zutaten
für 4 Personen

400 g Orecchiette
200 g geräucherter Lachs (in Scheiben), 2 Eier
100 ml Gemüsebrühe
2 EL Olivenöl extra vergine
3 EL Weißweinessig
1 EL Kapern, 5 Zweige Dill
5 Zweige Estragon
1 Prise Senfpulver
weißer Pfeffer, Jodsalz

Zubereitungszeit
30 Minuten

Frische-Check
Dill
Juli – September

Getränketip
Bier oder trockener Weißwein

Nährwerte (pro Portion)

Eisen	28 %
Fett	13 g
Ballaststoffe	3 g
Kalorien	561

Orecchiette mit Lachsstreifen in **Kräutersauce**

1. Nudeln in sprudelndem Salzwasser nach Packungsanweisung al dente kochen. Eier 12 Minuten kochen, kalt abschrecken und pellen.

2. Dill und Estragon waschen, trockentupfen und feinhacken. Eier halbieren, das Eigelb herauslösen. Eiweiß würfeln. Eigelbe, Kräuter, Weißweinessig in einen Rührtopf geben. Mit dem Pürierstab pürieren, dabei Gemüsebrühe, Gewürze und Öl unterrühren, bis eine cremige Sauce entsteht. Eiweißwürfel und Kapern unterheben.

3. Lachs in fingerbreite Streifen schneiden. Nudeln abgießen. Beides sofort unter die Sauce heben und servieren.

extra-tip

Gemüsebrühe gibt es als Instant-Produkt im Glas oder als Würfel zu kaufen. Neben Gemüseextrakten enthält sie oft auch eine gehörige Portion Salz. Somit erübrigt sich oft das Nachsalzen.

Tips & Alternativen

Das Senfpulver kann man auch durch eine Messerspitze scharfen Senf ersetzen.

Zutaten
für 4 Personen

300 g Orecchiette
200 g weiße Bohnenkerne (aus der Dose)
1 Fleischtomate
1 Bund Lauchzwiebeln
4 EL Olivenöl extra vergine
4 EL Balsamicoessig
5 Knoblauchzehen, 5 Zweige Oregano, 1 TL Honig
1 TL grob zerstoßener schwarzer Pfeffer, Jodsalz

Zubereitungszeit
30 Minuten

Frische-Check
Fleischtomaten
Juli – Oktober

Getränketip
leichter Rotwein

Nährwerte (pro Portion)

Selen	48 %
Fett	11 g
Ballaststoffe	6 g
Kalorien	292

Orecchiette-Bohnensalat mit Knoblauchdressing

extra-tip

Hülsenfrüchte enthalten hochwertige Nährstoffe wie Eiweiß, Eisen und Ballaststoffe. Diese gehen auch durch Konservieren nicht verloren. Deshalb dürfen Sie hier auch ruhig einmal zur Dose greifen und Zeit sparen.

1. Nudeln in sprudelndem Salzwasser nach Packungsanweisung al dente kochen.

2. Bohnen abgießen und kalt abspülen. Tomate waschen, trockentupfen und in Spalten schneiden. Lauchzwiebeln putzen, waschen und in Röllchen schneiden. Alle Zutaten in eine große Salatschüssel geben.

3. Knoblauch pellen, würfeln. Oregano waschen, Blätter abzupfen. Beides mit Balsamicoessig, Honig, Pfeffer und Olivenöl verschlagen. Nudeln abgießen. Marinade auf die heißen Nudeln geben, etwas abkühlen lassen. Dann Nudeln unter die übrigen Zutaten heben. Mit Pfeffer bestreuen.

Tips & Alternativen

Frisch im Mörser zerstoßener Pfeffer ist aromatischer als Pfeffer aus der Pfeffermühle.

Orecchiette à la italiana

1 Zwiebel und Knoblauch pellen und fein hacken, mit 1 EL Olivenöl erhitzen, glasig dünsten. Tomaten waschen, Stielansatz entfernen und grob würfeln. Tomatenstückchen, Lorbeerblatt und Pfefferkörner zu den Zwiebeln geben, kurz mitdünsten, aufkochen, Brühe angießen und bei schwacher Hitze ca. 20 Minuten köcheln lassen, bis der Sugo um die Hälfte reduziert ist.

2 Fenchel putzen, waschen und in feine Scheiben schneiden. Restliches Öl in einem Topf erhitzen, Fenchel darin ca. 5 Minuten bei schwacher Hitze dünsten. Tomatensugo durch ein Sieb oder ein Passiergerät streichen, dazugeben. Weitere 10 Minuten auf kleiner Hitze köcheln lassen.

3 Währenddessen Spinat verlesen, gründlich waschen, in kochendem Salzwasser portionsweise 2 Minuten blanchieren, kurz in Eiswasser tauchen, gut abtropfen lassen und beiseite stellen.

4 Nudeln in reichlich sprudelndem Salzwasser nach Packungsangabe al dente kochen. In der Zwischenzeit Sauce mit Salz und Pfeffer abschmecken, Oliven entsteinen und hacken. Zusammen mit dem Spinat unter die Sauce heben. Nudeln abgießen, abtropfen lassen und mit der Sauce servieren.

Tips & Alternativen

Paßt gut als vegetarische Vorspeise fürs italienische Menü; in diesem Fall nur die halbe Menge zubereiten.

extra-tip

Es gibt die hübschen Muschelnudeln nicht nur aus hellem Teig, sondern auch mit Tomate und Spinat gefärbt in Rot und Grün. Das paßt ideal zu den Zutaten, die sich farblich an die italienische Fahne (Rot-Weiß-Grün) anlehnen.

Zutaten
für 4 Personen

400 g Orecchiette
500 g vollreife Flaschentomaten
1 Zwiebel
1 kleine Fenchelknolle
500 g Blattspinat
2 EL Olivenöl extra vergine
100 ml Gemüsebrühe
1 Knoblauchzehe
50 g schwarze Oliven
1 Lorbeerblatt
3 schwarze Pfefferkörner

Zubereitungszeit
1 Stunde

Frische-Check
Fenchel
ganzjährig

Getränketip
leichter Rotwein

Nährwerte (pro Portion)	
Vitamin E	49 %
Fett	13 g
Ballaststoffe	11 g
Kalorien	504

Zutaten
für 4 Personen

250 g chinesische Weizennudeln
200 g Putenbrustfilet
150 g junge Bundmöhren
3 Lauchzwiebeln
100 g Spitzkohl
2 EL Öl
4 EL helle chin. Sojasauce
100 ml Geflügelfond
1 TL Speisestärke
1 nußgroßes Stück Ingwer
2 TL Sambal oelek
1 TL Curry

Zubereitungszeit
1 Stunde 15 Minuten
(inkl. Marinierzeit)

Frische-Check
Spitzkohl
März-Juni

Getränketip
fruchtiger Rosé

Nährwerte (pro Portion)	
Niacin	51 %
Fett	6 g
Ballaststoffe	4 g
Kalorien	363

Tips & Alternativen

Pfannengerührtes Fleisch sollte sehr dünn und gleichmässig geschnitten sein. Das geht besonders leicht, wenn das Fleisch vor dem Schneiden kurz in der Gefriertruhe angefroren wird.

Chinanudeln mit **Putenstreifen**

1. Fleisch in sehr dünne Streifen schneiden. Ingwer fein hacken. Beides mischen, mit 1 EL Sojasauce beträufeln. 1 Stunde marinieren.

2. Nudeln in sprudelndem Wasser nach Packungsanweisung (ca. 10 Minuten) garen.

3. Möhren, Lauchzwiebeln und Spitzkohl waschen, putzen und in dünne Streifen schneiden. Im heißen Öl kurz anbraten, herausnehmen. Fleisch im Öl unter Rühren knusprig braten. Mit Speisestärke überstäuben. Geflügelfond, restliche Sojasauce, Sambal oelek und Curry zugeben, gut verrühren. Gemüse und abgegossene Nudeln unterheben.

extra-tip

Wer abends Gäste erwartet, kann das Fleisch bereits morgens in die Marinade legen und im Kühlschrank durchziehen lassen. Die restliche Zubereitung beträgt dann höchstens 15 Minuten.

Vietnamesische Rinderbrühe mit **Vermicelli**

1 Ingwer schälen, halbieren. Zwiebel waschen, ungeschält halbieren. Beides mit der Zimtstange in einen großen Topf geben und ohne Fettzugabe anrösten. Mit Fond ablöschen. Zitronengras hinzufügen und 20 Minuten durchkochen.

2 Chinakohl waschen und in feine Streifen schneiden. Mungobohnensprossen auf einem Sieb kalt abspülen und zusammen mit den Vermicelli 1 Minute in kochendem Wasser ziehen lassen. Fleisch in hauchdünne Scheiben schneiden.

3 Brühe durch ein Sieb gießen. Erneut aufkochen. Kohl, Sprossen, Vermicelli und Fleisch hinzugeben. 1 Minute ziehen lassen; so gart auch gleich das Fleisch durch.

4 Lauchzwiebeln und Koriander waschen und kleinschneiden. Chillies entkernen, ausspülen und in Ringe schneiden. Limette abschälen, Fruchtfleisch in Scheiben schneiden. Als Extrabeilagen in Einzelschälchen anrichten und nach Geschmack an die Brühe geben.

Tips & Alternativen

Ingwerreste schälen und einfrieren. Bei Bedarf einfach die entsprechende Würzmenge der Wurzel abschaben und verarbeiten.

Zutaten

für 4 Personen

150 g Faden-Vermicelli
150 g Rinderfilet
100 g Chinakohl
50 g Mungobohnensprossen
3 Lauchzwiebeln
1 große Zwiebel
800 ml Rinderfond (aus dem Glas)
1 Limette, 10 cm langes Stück Zitronengras
1 nußgroßes Stück Ingwer
1 Bund Koriandergrün
2 rote Chillies
eine halbe Zimtstange

Zubereitungszeit
40 Minuten

Frische-Check
Chinakohl
Juni – Januar

Getränketip
Bier oder Mineralwasser

Nährwerte (pro Portion)	
Folsäure	29 %
Fett	2g
Ballaststoffe	4 g
Kalorien	226

extra-tip

Koriandergrün gibt es als Bund oder im Töpfchen in gut sortierten Gemüsegeschäften oder auch in Gärtnereien. Wenn Sie häufig asiatisch kochen, kaufen Sie sich einfach Koriandersaat. Sie können dann im Blumentopf auf der Fensterbank Ihren eigenen Koriander ziehen.

Spaghettigratin

Zutaten
für 4 Personen

300 g Spaghetti
250 g Hähnchenbrustfilet
300 g Möhren
2 Bund Lauchzwiebeln
200 ml fettarme Milch
2 EL Schmand, 1 Ei
1 EL Olivenöl extra vergine
1 Bund Kerbel
Cayennepfeffer, schwarzer Pfeffer (Mühle), Jodsalz

Zubereitungszeit
1 Stunde 20 Minuten (inkl. Backzeit)

Frische-Check
Möhren
Juni - November

Getränketip
frischer roter Landwein

Nährwerte (pro Portion)

Eisen	28 %
Fett	13 g
Ballaststoffe	8 g
Kalorien	472

1 Hähnchenfleisch kalt abspülen, mit Küchenkrepp trockentupfen, in breite Stücke schneiden. Im heißen Öl von allen Seiten anbraten, salzen und pfeffern. Möhren putzen, gründlich unter kaltem Wasser bürsten, schräg in Scheiben schneiden. Zum Fleisch geben und 5 Minuten bei milder Hitze braten. Lauchzwiebeln putzen, waschen und schräg in 2 cm lange Stücke schneiden.

2 Ofen auf 200° C vorheizen.

3 Spaghetti nach Packungsanweisung in sprudelndem Salzwasser al dente garen, abgießen und abtropfen lassen. Mit Fleisch und Gemüse in eine gefettete Auflaufform geben. Kerbel unter kaltem Wasser abbrausen. Drei Viertel der Blättchen abzupfen und fein hacken; restlichen Kerbel beiseite legen. Ei, Schmand, gehackten Kerbel und Milch verrühren, mit Salz und Cayennepfeffer kräftig würzen.

3 Eiermilch über die Nudeln geben, Gratin 40 Minuten backen. 10 Minuten auskühlen. Vor dem Servieren mit dem restlichen Kerbel garnieren.

extra-tip

Besonders dekorativ wird das Gratin, wenn Sie die Spaghetti in der Auflaufform zu kleinen Nestern aufrollen, dann das Gemüse und das Fleisch zugeben und alles mit der Eiermilch übergießen.

Tips & Alternativen

Hiermit gelingt feine Resteverwertung auf raffinierte Weise, ob mit restlichen Nudeln oder mit Hühnerfleisch.

Makkaronigratin mit Ziegenkäse

Zutaten
für 4 Personen

400 g kurze Makkaroni
180 g frischer Ziegenkäse
800 g vollreife Tomaten
200 g Zucchini
2 EL Olivenöl extra vergine
1 EL Balsamicoessig
1 Bund Thymian, 1 TL Honig
1 Prise Piment
schwarzer Pfeffer, Jodsalz

Zubereitungszeit
45 Minuten

Frische-Check
Tomaten
Juli – September

Getränketip
Weißwein oder Rosé

Nährwerte (pro Portion)

Kalzium	28 %
Fett	18 g
Ballaststoffe	5 g
Kalorien	585

1 Backofen auf 200° C vorheizen. Makkaroni in sprudelndem Salzwasser al dente kochen.

2 Tomaten auf der Oberseite leicht einritzen. Kurz in kochendes Wasser legen. Herausheben und die Haut abziehen.

3 Tomaten pürieren, dabei Balsamicoessig, Honig, Pfeffer und Piment zufügen. Eine Auflaufform mit etwas Öl ausstreichen. Zucchini waschen, trockentupfen und in feine Scheiben hobeln. Nudeln abgießen, abtropfen lassen.

4 Nudeln und Zucchini abwechselnd in die Form schichten, dabei jede Lage etwas pfeffern. Thymian waschen, Blättchen abrebeln und unter das Tomatenpüree ziehen. Tomatenpüree in die Form füllen. Ziegenkäse zerbröckeln und auf dem Gratin verteilen. Mit dem restlichem Öl beträufeln. Im Backofen 15 Minuten backen.

Tips & Alternativen

Wer dieses Gericht für Gäste plant, kann es – bis auf das Backen im Ofen – vollständig vorbereiten.

extra-tip

Sie können den Auflauf auch unter dem Grill gratinieren. In 10 Minuten ist der Käse dann appetitlich braun. Je nach Saison können Sie die Gemüsesorten variieren; es passen auch Brokkoli, Schmorgurken oder Fenchel.

Nudelauflauf mit **Schafkäse**

1 Nudeln in sprudelndem Salzwasser nach Packungsangabe al dente garen, abgießen. Gemüse putzen und gründlich kalt waschen: Stielansätze entfernen. Paprika halbieren, entkernen, Trennwände und Samen entfernen, Fruchtfleisch würfeln, Zucchini in Scheiben schneiden. Zwiebel pellen, fein würfeln.

2 Backofen auf 200° C vorheizen. Öl und Zwiebelwürfel in einer beschichteten Pfanne erhitzen, bis die Zwiebel glasig ist, Gemüse hinzugeben, ca. 4 Minuten unter Wenden braten. Salzen und pfeffern. Tomaten kreuzweise einritzen, mit kochendem Wasser überbrühen, häuten und entkernen. Fruchtfleisch würfeln, mit dem Gemüse unter die Nudeln mengen, mit Oregano würzen und in eine gefettete Auflaufform füllen.

3 Schafskäse würfeln und über den Nudeln verteilen. Im Backofen auf mittlerer Schiene 25-30 Minuten backen, bis der Schafskäse leicht gebräunt ist. Heiß servieren.

Zutaten
für 4 Personen

400 g VK-Hörnchen
120 g Schafskäse
1 gelbe Paprika
500 g Zucchini
750 g vollreife Eiertomaten
2 Zwiebeln
1 TL Olivenöl extra vergine
1 EL getrockneter Oregano
schwarzer Pfeffer (Mühle)
Jodsalz

Zubereitungszeit
60 Minuten (inkl. Garzeit)

Frische-Check
Paprika
Juni – November

Getränketip
kühles Bier

Nährwerte (pro Portion)	
Vitamin B1	80 %
Fett	10 g
Ballaststoffe	16 g
Kalorien	476

Zutaten
für 4 Personen

500 g TK-Tintenfische
1 nußgroßes Stück Ingwer
100 g Shiitake-Pilze
2 rote Chillies
100 g Lauch, 50 g Mungobohnensprossen
200 g Mie-Nudeln
2 EL Öl, 2 TL Sambal manis
1 Bund Schnittknoblauch
1 TL Sesamöl, Jodsalz

Zubereitungszeit
40 Minuten

Frische-Check
Mungobohnensprossen
ganzjährig

Getränketip
Bier

Nährwerte (pro Portion)	
Niacin	515 %
Fett	8 g
Ballaststoffe	4 g
Kalorien	327

Gebratene **Tintenfische** und Nudeln im Wok

1 Tintenfische auftauen lassen und kalt abspülen. In dünne Ringe schneiden.

2 Ingwer schälen und hacken. Pilze putzen und halbieren. Chillies waschen, trockentupfen, längs aufschneiden und entkernen. Dann in dünne Streifen schneiden. Lauch putzen und in Julienne-Streifen schneiden. Sprossen kalt abspülen und abtropfen lassen.

3 Nudeln in sprudelndem Wasser 1 Minute garen. Abtropfen lassen. Öl im Wok erhitzen. Die Tintenfischringe mit Ingwer unter Rühren darin braten. Leicht salzen. Pilze, Chili, Lauch und Sprossen hinzufügen, ganz kurz mitgaren. Zur Seite rühren und die Nudeln kurz braten. Schnittknoblauch in Röllchen schneiden, zufügen. Mit Sambal und Sesamöl würzen.

extra-tip

Wer keinen Wok hat, kann dieses Gericht auch in einer großen gußeisernen Pfanne zubereiten. Eventuell werden dann aber 2 EL Öl mehr gebraucht.

Tips & Alternativen

Sambal manis ist eine thailändische Würzpaste. Man bekommt sie im gutsortierten Supermarkt.

Zutaten
für 4 Personen

400 g Spaghetti
200 g TK-Tintenfische
2 EL Olivenöl extra vergine
2 EL Sherryessig
5 EL Tomatenmark, 1 Bund Basilikum, 1 TL Piment
4 Knoblauchzehen,
1 Döschen Safran
weißer Pfeffer, Jodsalz

Zubereitungszeit
30 Minuten

Frische-Check
Knoblauch
ganzjährig

Getränketip
Weißwein (Vinho Verde)

Nährwerte (pro Portion)	
Niacin	32 %
Fett	7 g
Ballaststoffe	3 g
Kalorien	444

Safran-Spaghetti mit Tintenfisch

1 Spaghetti in sprudelndem Salzwasser mit Safran nach Packungsanweisung al dente kochen.

2 Tintenfische abspülen, trockentupfen und in fingerbreite Streifen schneiden. Im Öl anbraten. Knoblauch pellen, vierteln und hinzufügen, kurz mitdünsten. Essig und Piment zufügen. Tomatenmark mit 150 ml Wasser verrühren, zugeben. 5 Minuten durchkochen und mit Pfeffer abschmecken. Basilikum waschen, Blätter abzupfen, größere zerteilen. Tintenfischsauce mit Nudeln und Basilikum anrichten.

extra-tip

Wenn Knoblauch zu scharf gebraten wird, schmeckt er bitter und kann Gerichte sogar verderben. Nur goldgelb andünsten und mit Flüssigkeit ablöschen.

Tips & Alternativen

Natürlich können Sie statt tiefgefrorener Ware auch frischen Tintenfisch verarbeiten.

extra-tip

Tintenfische sind vom Geschmack her relativ neutral und vertragen eine Extraportion Würze. Für einen Meeresfrüchtesalat läßt man sie vor dem Verzehr am besten mit Kräutern, Essig und Öl einige Stunden im Kühlschrank marinieren.

Tips & Alternativen

Wenn Essig lange steht, kann er eintrüben. Doch das macht nichts: Einfach durch eine Kaffeefiltertüte in ein neues Gefäß umgießen.

Tortiglioni mit **Tintenfisch** und Oliven

Zutaten
für 4 Personen

- 400 g Tortiglioni
- 250 g Tintenfische (frisch oder TK-Ware)
- 10 Kirschtomaten
- 10 schwarze Oliven
- 3 EL Olivenöl extra vergine
- 2 EL Sherryessig
- 1 El Tapenade (schwarze Olivenpaste aus dem Feinkostgeschäft)
- 3 Knoblauchzehen
- 3 Zweige Oregano
- 3 Zweige Basilikum
- 2 Lorbeerblätter
- schwarzer Pfeffer (Mühle)
- Jodsalz

Zubereitungszeit
40 Minuten

Frische-Check
Kirschtomaten
ganzjährig

Getränketip
kräftiger Rotwein (Dão)

1 Frische Tintenfische säubern: Dafür den Kopf und den Tintenbeutel herausziehen und den Fisch auf diese Weise „umkrempeln". Kopf und Tintenbeutel abtrennen. Fisch unter fließendem Wasser gut abspülen. Trockentupfen und in 1 cm breite Ringe schneiden. TK-Ware auftauen und in Ringe schneiden. Tintenfische in einem Sud aus Wasser mit 1 TL Salz, Lorbeerblättern und Sherryessig 10 Minuten kochen.

2 Tortiglioni in sprudelndem Salzwasser nach Packungsanweisung al dente kochen.

3 Knoblauch pellen und hacken. Oliven halbieren, entsteinen. Tomaten waschen, halbieren. Kräuter waschen, trockentupfen und in Streifen schneiden. Öl leicht erhitzen, alle Zutaten kurz andünsten. Olivenpaste (Tapenade) einrühren. Tintenfische aus dem Sud heben und sofort in die Sauce geben. Pfeffer darüber mahlen. Tortiglioni abgießen und unterheben. Gleich servieren.

Nährwerte (pro Portion)

Eisen	20 %
Fett	12 g
Ballaststoffe	4 g
Kalorien	475

Blüten

Sie bringen Farbe auf den Teller: Kresse- und andere Blüten. Vor allem die orange leuchtende Kapuzinerkresse ist auch bei Köchen beliebt. Sie blüht von Juni bis Oktober. Im Handel gibt es Kresseblüten meist auf Vorbestellung in gut sortierten Gemüseläden. Man kann sie aber aus Samen leicht selber ziehen, und auf sonnigen Balkonen gedeiht sie prima. Doch ob Kresse, Borretsch oder Zucchini: Alle sind Anziehungspunkte für Insekten und müssen vor dem Kochen sorgfältig abgewaschen und dann auf einem mit Küchenkrepp ausgelegten Sieb abgetropft werden.

Zutaten
für 4 Personen

400 g Tagliatelle
500 g Lammfilet
1 Bund Kapuzinerkresse
ca. 20 Kapuzinerkresseblüten
2 rote Zwiebeln
1 EL Olivenöl extra vergine
1 TL Paprika edelsüß
weißer Pfeffer (Mühle)
Jodsalz

Zubereitungszeit
25 Minuten

Frische-Check
Kapuzinerkresseblüten
Juli – Oktober

Getränketip
ausdrucksstarker Rotwein (Rioja)

Nährwerte (pro Portion)	
Vitamin B12	92 %
Fett	9 g
Ballaststoffe	6 g
Kalorien	527

Tagliatelle mit Lammfilet und **Kresseblüten**

1. Reichlich Salzwasser für die Nudeln aufkochen. Kresseblüten und -blätter mit kaltem Wasser abbrausen, auf Küchenkrepp abtropfen lassen. Zwiebeln pellen, in dünne Ringe schneiden.

2. Lammfilet mit Krepp abtupfen und mit Pfeffer und Paprika einreiben. Im heißen Olivenöl von allen Seiten anbraten, bei mittlerer Hitze ca. 4 Minuten weiterbraten, salzen. Nudeln im sprudelnden Salzwasser nach Packungsangabe al dente garen.

3. Fleisch aus der Pfanne nehmen und zum Warmhalten in Alufolie wickeln. Zwiebelringe und Kresseblätter im Bratfett andünsten. Inzwischen Nudeln abgießen und abtropfen lassen, dann im Bratfett schwenken. Lammfilet in 2 cm breite Scheiben schneiden und mit den Nudeln auf 4 Tellern anrichten. Mit Kresseblüten garnieren und sofort servieren.

Tips & Alternativen
Ein schnelles Hauptgericht fürs elegante Sommermenü.

Penne mit Zucchini und **Kresseblüten**

1 Nudeln in sprudelndem Salzwasser nach Packungsangabe al dente kochen. Abgießen, abtropfen lassen. Das Sonnenblumenöl unterziehen, beiseite stellen.

2 Orangen heiß abspülen, trockenreiben, etwas Schale in feinen Streifen abziehen. Orangen auspressen. Tomate kreuzweise einritzen, mit kochendem Wasser überbrühen, häuten und halbieren. Stielansatz und Kerne entfernen, Fruchtfleisch fein würfeln. Mit Orangensaft und -schale, Salz, Pfeffer und Senf kräftig verrühren. Das Kürbiskernöl mit einer Gabel unterschlagen. Nudeln mit dem Dressing mengen und abgedeckt 10 Minuten marinieren lassen.

3 Zucchini gründlich waschen, Stiel- und Blütenansatz entfernen und in feine Scheiben schneiden. Kresse verlesen, unter kaltem Wasser abbrausen. Von den Blüten die Stiele abzupfen. Zucchinischeiben und Kresse unter den Nudelsalat heben, mit den Blüten auf 4 Tellern anrichten.

Tips & Alternativen

Statt Kapuzinerkresse paßt auch Brunnenkresse sehr gut zum Salat.

extra-tip

Der Salat läßt sich sehr gut vorbereiten, z.B. für ein Buffet oder einen Brunch. Marinierte Nudeln im Kühlschrank aufbewahren und 15 Minuten vor dem Servieren herausnehmen. Erst jetzt Zucchini und Kräuter hinzugeben.

Zutaten
für 4 Personen

- 300 g Penne
- 2 kleine Zucchini (ca. 200 g)
- 1 Bund Kapuzinerkresse mit Blüten
- 2 unbehandelte Orangen
- 1 große Fleischtomate
- 1 EL Sonnenblumenöl
- 1 EL Kürbiskernöl
- 1 EL Gemüsebrühe
- 1 Messerspitze körniger Senf
- schwarzer Pfeffer (Mühle)
- Jodsalz

Zubereitungszeit
40 Minuten
(inkl. Marinierzeit)

Frische-Check
Zucchini
Juni – November

Getränketip
fruchtiger Weißwein
(Gewürztraminer)

Nährwerte (pro Portion)

Vitamin C	64 %
Fett	7 g
Ballaststoffe	4 g
Kalorien	208

extra-tip

Thai-Basilikum gibt es in Asia-Läden. Wer oft damit arbeiten möchte, kann sich entsprechende Samen besorgen und die Kräuter im Töpfchen selber ziehen.

Asiatischer Nudelsalat mit Knoblauchgambas

Zutaten
für 4 Personen

200 g Kanton-Nudeln
300 g TK-Gambas, entdarmt und ohne Schale
4 rote Zwiebeln
50 g frische Erdnußkerne
1 EL Öl, 2 EL Limettensaft
2 EL Austernsauce
2 Kaffir-Zitronenblätter
3 Zweige Thai-Basilikum
4 Knoblauchzehen
1 TL Sambal oelek
Jodsalz

Zubereitungszeit
45 Minuten

Frische-Check
Rote Zwiebeln
ganzjährig

Getränketip
leichter spritziger Weißwein

Nährwerte (pro Portion)	
Niacin	40 %
Fett	10 g
Ballaststoffe	4 g
Kalorien	370

1. Knoblauch pellen, Zehen durch die Presse drücken. Gambas und Knoblauch im heißen Öl 2 Minuten braten. Limettensaft, Austernsauce, Kaffir-Zitronenblätter und Sambal oelek hinzufügen. 10 Minuten bei milder Hitze ziehen lassen.

2. Nudeln in sprudelndem Salzwasser nach Packungsanweisung al dente kochen. Abgießen und zu den Gambas geben. Abkühlen lassen. Zwiebeln schälen, in feine Ringe schneiden. Erdnüsse hacken. Beides dazufügen und mit dem Thai-Basilikum anrichten.

Tips & Alternativen

Thai-Basilikum bitte nicht durch unser Basilikum ersetzen! Es schmeckt völlig anders.

Vermicelli mit **Gambas**

1 Gambas schälen. Mit einem scharfen Messer den fadenförmigen Darm an der Oberseite entfernen. Limette auspressen. Gambas mit Limettensaft marinieren.

2 Ingwer schälen. Sehr fein würfeln. Knoblauch pellen, fein hacken. Lauchzwiebeln putzen, waschen und in dünne Julienne- Streifen schneiden. Peperoni entkernen, unter fließendem Wasser spülen und in Ringe schneiden.

3 Reisbandnudeln mit kochendem Wasser übergießen, ca. 5 Minuten (je nach Packungsanweisung) ziehen lassen.

4 Öl erhitzen. Gambas aus der Marinade nehmen, abtropfen lassen und anbraten. Ingwer, Knoblauch, Zitronenblatt, Lauchzwiebeln und Peperoni zugeben. Unter Rühren 2 Minuten braten.

5 Austernsauce an die Gambas geben. Marinade mit 2 EL Wasser und Speisestärke verrühren und zugeben. Einmal aufkochen. Nudeln abgießen, unterheben. Mit Chiliöl beträufeln.

Tips & Alternativen

Bei Limetten müssen Sie nicht ausdrücklich unbehandelte, d.h. ungespritzte Ware verlangen. Die Schale der aromatischen Früchtchen wird nicht gespritzt.

extra-tip

Kaffir-Limettenblätter und Zitronengras sind typische Zutaten in der thailändischen Küche. Sie haben ein würzig-frisches Zitronenaroma und sind schwer durch andere Gewürze zu ersetzen. Es gibt sie in Asia-Läden und manchmal auch in gut sortierten Supermärkten. Beide Produkte lassen sich prima einfrieren. Sie können dann bei Bedarf tiefgefroren an die Speisen getan und mitgekocht werden.

Zutaten
für 4 Personen

- 250 g Vermicelli
- 400 g Gambas mit Schale, entdarmt
- 1 Bund Lauchzwiebeln
- 2 rote Peperoni
- 4 EL Öl
- 1 TL Chiliöl
- 3 EL Austernsauce
- 1 Kaffir-Zitronenblatt
- 1 Limette
- 1 TL Speisestärke
- 4 Knoblauchzehen
- 1 nußgroßes Stück Ingwer

Zubereitungszeit
40 Minuten

Frische-Check
Ingwer
ganzjährig

Getränketip
feiner Weißwein (Chablis)

Nährwerte (pro Portion)	
Eisen	16 %
Fett	13 g
Ballaststoffe	5 g
Kalorien	458

Chicken Ramen

Zutaten
für 4 Personen

200 g Mie-Nudeln
2 Hähnchenbrustfilets
50 g Blattspinat
2 Lauchzwiebeln
je 1 Grundrezept
Teriyakisauce
und Geflügelbrühe

Zubereitungszeit
1 Stunde 20 Minuten
(inkl. Marinierzeit)

Frische-Check
Lauchzwiebeln
April – Oktober

Getränketip
ein kühler Weißwein

Nährwerte (pro Portion)

Magnesium	43 %
Fett	5 g
Ballaststoffe	6 g
Kalorien	370

1. Teriyakisauce anrühren. Hähnchenfilets abspülen, trockentupfen und in Streifen schneiden. Fleisch ca. 1 Stunde in der Sauce marinieren.

2. Filets abtropfen lassen und auf dem heißen Grill oder in einer beschichteten Pfanne braten. Reisnudeln nach Packungsanweisung bißfest kochen. Geflügelbrühe erhitzen. Spinatblätter putzen und in der heißen Brühe zusammenfallen lassen. Lauchzwiebeln in feine Ringe schneiden, mit den Nudeln in Schalen verteilen. Mit der Brühe auffüllen. Hähnchenbrust darauf anrichten und noch sehr warm servieren.

Tips & Alternativen
Wenn's schnell gehen muß: Teriyakisauce gibt es auch als Fertigprodukt.

grundrezept

Teriyakisauce
(Marinade)

7 TL schwarze Sojasauce
7 TL Sake (Reiswein)
7 TL Mirin (jap. Kochwein)
1 TL Ahornsiurp

Zubereitung
Alle Zutaten miteinander verrühren. Fleisch nach Geschmack (Putenbrust, Hähnchenfilet, Schweine- oder Rinderfilet) kleinschneiden und in der Marinade ca. 1 Stunde einlegen.

Ramen mit Gemüsestreifen

Zutaten
für 4 Personen

200 g Mie-Nudeln
4 Eier, 1 rote Paprika
1 Stange Lauch (ca. 300 g)
1 Möhre, 1 Knoblauchzehe
50 g Mungobohnensprossen
2 EL Öl, 4 EL helle Sojasauce
1 TL Curry
1 TL Sambal oelek
Jodsalz

Zubereitungszeit
10 Minuten

Frische-Check
Lauch
ganzjährig

Getränketip
ein kühles Bier

Nährwerte (pro Portion)

Vitamin A	53 %
Fett	12 g
Ballaststoffe	5 g
Kalorien	342

1. Paprika, Lauch und Möhre waschen, putzen und in millimeterdünne Streifen schneiden. Knoblauchzehe pellen und hacken. Sprossen abspülen und abtropfen lassen.

2. Mie-Nudeln in sprudelndem Wasser nach Packungsanweisung (ca. 2-3 Minuten) garen. Abgießen und gut abtropfen lassen.

3. Öl in einer großen Pfanne erhitzen. Gemüse, Knoblauch und Sprossen darin anbraten. Nudeln unter Rühren zugeben, knusprig werden lassen. Mit Sojasauce, Curry und Sambal oelek würzen.

4. Nudeln und Gemüse zur Seite schieben. Die Eier aufschlagen und zu 4 Spiegeleier braten. Leicht salzen und alles zusammen servieren.

Tips & Alternativen
Wer keine Eier mag, kann in das Gemüse auch TK-Shrimps einrühren. Einfach unaufgetaut in der Pfanne 1 Minute mitgaren.

grundrezept

Geflügelbrühe
(für ca. 1 Liter kräftige Brühe)

1 Suppenhuhn (ca. 1 kg) oder
1 kg Geflügelklein
(Flügel, Keulen etc.)
1 Lauchstange
2 Stangen Bleichsellerie
1 Zwiebel, 2 Möhren
1 Lorbeerblatt
5 Pimentkörner,
1 TL schw. Pfefferkörner, Salz

Zubereitung

1. *Geflügel abspülen, trockentupfen. In 2 Liter Wasser aufkochen; Schaum mit einer Schaumkelle abschöpfen. Gewürze zugeben, weiter köcheln lassen.*

2. *Gemüse kleinschneiden, zur Brühe geben. Brühe nochmals abschäumen. Bei schwacher Hitze im offenen Topf ca. 2 Stunden köcheln lassen. Zwischendurch öfter Schaum und Fett abschöpfen. Brühe durch ein feines Sieb abgießen.*

Chili Ramen

1 Geflügelbrühe zubereiten. Zutaten für die Teriyakisauce anrühren, Rumpsteak trockentupfen und in der Sauce ca. 1 Stunde marinieren. Chili- und Fischsauce, Reiswein und Mirin verrühren. Geflügelbrühe damit abschmecken.

2 Steak in einer beschichteten Pfanne von beiden Seiten ca. 1 Minute braten, und dabei mit der restlichen Teriyakisauce bestreichen. Fleisch herausnehmen und kurz warm stellen.

3 Nudeln nach Packungsanweisung zubereiten, abtropfen lassen. Chillies aufschneiden, scharfe Samen entfernen. Mit den Lauchzwiebeln in feine Ringe schneiden. Zwiebel fein hacken. Mungobohnen kurz mit kochendem Wasser überbrühen, abtropfen lassen. Vorbereitete Gewürze, Nudeln und Gemüse in Schüsseln verteilen, Brühe angießen. Fleisch in Scheiben schneiden und darauf anrichten. Mit Korianderblättchen und Limettenscheiben anrichten.

extra-tip

Für diese feine Suppe sollten Sie am Fleisch nicht sparen: Zartes, abgehangenes Rindfleisch (Rumpsteak oder Filet) liefert den besten Geschmack. Dafür dürfen Sie bei der Geflügelbrühe auch auf Fertigprodukte im Glas zurückgreifen.

Tips & Alternativen

Frischer Koriander ist nicht jedermanns Sache: Schnittlauch eignet sich aber auch.

Zutaten
für 4 Personen

180 g Mie-Nudeln
250 g Rumpsteak
2 rote Chillies
2 Lauchzwiebeln
1 Schalotte
100 g Mungobohnensprossen
je 1 Grundrezept Geflügelfond und Teriyakisauce
2 TL Chilisauce
2 TL Fischsauce (Asialaden)
1 TL Reiswein
2 TL Mirin (Asialaden))
1 Bund frischer Koriander
1 Limette

Zubereitungszeit
1 Stunde 25 Minuten (inkl. Marinierzeit)

Frische-Check
Koriander
Juni - September

Getränketip
Mexikanisches Bier

Nährwerte (pro Portion)	
Vitamin B1	20 %
Fett	19 g
Ballaststoffe	1 g
Kalorien	200

Gäste *verführen*

Ziehen Sie für Ihre Gäste alle kulinarischen Register mit Erlesenem wie frischen Trüffeln oder Hummerfleisch, mit Pfifferlingen oder Rinderfilet. Aber auch mit simplen, (fast) alltäglichen Zutaten können Sie Furore machen. Denn Kartoffeln, Möhren und Champignons können gleichfalls Raffinesse entwickeln. Und noch etwas: Für den einzelnen männlichen Gast, von dem frau sich wünscht, daß er bald wiederkommt, empfiehlt sich erfahrungsgemäß ein Rezept mit Austern. Denn das ist Verführung pur.

Zutaten
für 4 Personen

1 Grundrezept Nudeln
oder 400 g Spaghettini
16 frische Austern
(Sylter Royal)
2 Schalotten
1 TL OLivenöl
1 EL Maiskeimöl
1/8 l trockener Weißwein
2 EL Zitronensaft
200 ml Milch
weißer Pfeffer (Mühle)
Jodsalz

Zubereitungszeit
40 Minuten

Frische-Check
Austern
September – April

Getränketip
Champagner oder Chablis

Nährwerte (pro Portion)	
Eisen	56 %
Fett	10 g
Ballaststoffe	4 g
Kalorien	530

austern

Spart Mühe und Zeit: Austern am besten bereits vom Fischhändler öffnen lassen. Damit die Austernschalen nicht rutschen, einfach grobes Meersalz auf den Tellern verteilen. Auf die gleiche Weise und genauso köstlich lassen sich auch Jakobsmuscheln kochen.

Austernnudeln in der Schale

1 Nudelteig nach Rezept zubereiten. Schalotten schälen und fein hacken. Olivenöl erhitzen. Schalotten darin glasig dünsten. Mit Wein ablöschen und bei starker Hitze um zwei Drittel einkochen. Mit Salz und Pfeffer würzen. Mit Milch ablöschen und nochmals um die Hälfte reduzieren.

2 Frische oder getrocknete Nudeln in sprudelndem Salzwasser garkochen. Austern öffnen und mit einem kleinen spitzen Messer das Austernfleisch aus den Schalen lösen, abtropfen lassen. Schalen gründlich abbürsten und auf Tellern anrichten. Maiskeimöl erhitzen, Austern darin schwenken, bis das Fleisch kurz gegart ist, mit Salz, Pfeffer und Zitronensaft würzen.

3 Nudeln abgießen, gut abtropfen lassen und mit der Sauce mischen. Nudeln mit einer Gabel aufdrehen und in den Austernschalen anrichten. Austern darauf anrichten, sofort servieren.

Spaghettini mit **Tiefseegarnelen**

1 Nudelteig zubereiten. Knoblauch schälen und vierteln. Fenchel putzen und in feine Streifen schneiden. Öl erhitzen. Knoblauch darin kräftig anbraten. Den Fenchel zugeben, kurz andünsten, würzen, Gemüse mit dem Fond ablöschen und noch einige Minuten garen.

2 Garnelen abspülen, abtropfen lassen. Nudeln in reichlich sprudelndem Salzwasser weich kochen, abgießen, abtropfen lassen. Tomaten halbieren. Garnelen zum Fenchel geben und kurz erhitzen. Tomaten unterrühren. Nudeln und Gemüse mengen. Rauke waschen, putzen, in mundgerechte Stücke zupfen und unter die Nudeln heben. Mit Pfeffer bestreut servieren.

extra-tip

Probieren Sie statt Rauke auch die ungewöhnlichere Brunnenkresse, deren Blätter sich schön zur Garnierung eignen. Dieser Favorit der neuen englischen Küche ist äußerst gesund. Frisch gemahlener schwarzer Pfeffer unterstreicht ihr intensives Aroma.

Tips & Alternativen

In der Herbstsaison unbedingt einmal mit Flußkrebsschwänzen probieren.

Zutaten

für 4 Personen

1 Grundrezept Nudelteig
oder 400 g Spaghettini
300 g TK-Tiefseegarnelen
ohne Schale
1 große Fenchelknolle
250 g Kirschtomaten
100 g Rauke
2 EL Olivenöl
100 ml Fischfond
(aus dem Glas)
2 Knoblauchzehen
weißer Pfeffer (Mühle)
Jodsalz

Zubereitungszeit

40 Minuten

Frische-Check

Knoblauch
Juni – Oktober

Getränketip

gut gekühlter Weißwein (Pinot Grigio)

Nährwerte (pro Portion)

Zink	25 %
Fett	10 g
Ballaststoffe	6 g
Kalorien	530

Reispapierpäckchen auf Brunnenkresse

Zutaten
für 4 Personen

für die Päckchen:
16 Reispapierblätter
100 g Brunnenkresse
100 g Rettich, 1 Limette
1 TL Sesamöl, 1 TL Honig,
weißer Pfeffer, Jodsalz

für die Fleischfüllung:
80 g Hähnchenfilet
3 Chinakohlblätter
1 Schalotte
1 Knoblauchzehe, 1 TL Öl
1 TL Austernsauce
1 Messerspitze Fünf-Gewürze-Mischung

für die Tofufüllung:
80 g Tofu, 1 Lauchzwiebel
1 Möhre (ca. 50 g), 1 EL Öl
etwas Öl für das Backblech
1 EL dunkle Sojasauce
1 Messerspitze geriebener Ingwer
1 TL Sesamsaat
1 Messerspitze Sambal oelek

Zubereitungszeit
1 Stunde

Frische-Check
Brunnenkresse
September – Mai

Getränketip
grüner Tee oder Sake

Nährwerte (pro Portion)	
Vitamin C	49 %
Fett	7 g
Ballaststoffe	8 g
Kalorien	144

1 Reisblätter mit kaltem Wasser gleichmäßig anfeuchten. Zwei Küchenhandtücher anfeuchten. Reisblätter nebeneinander darauf ausbreiten. Mit zwei weiteren feuchten Tüchern bedecken.

2 Brunnenkresse verlesen, waschen und trockenschütteln. Rettich schälen und in sehr dünne Scheiben schneiden. Auf einer Salatplatte anrichten. Limette auspressen. Saft mit Honig, Salz, Pfeffer und Sesamöl verrühren.

3 Für die erste Füllung Hähnchenfilet und gewaschene Chinakohlbätter in sehr dünne Streifen schneiden. Schalotte und Knoblauch pellen, würfeln. Alles im Öl kurz anbraten. Mit Austernsauce und Gewürzmischung würzen.

4 Für die zweite Füllung Tofu, gewaschene Lauchzwiebel und Möhre in feine Julienne-Streifen schneiden. Mit Ingwer, Sesam und Sambal oelek im Öl kurz braten. Mit Sojasauce würzen.

5 Backblech einölen. Je ein Reisblatt auf ein Küchenbrett legen, einen Teelöffel Füllung in die Mitte geben. Reisblatt zu einem Päckchen falten. Mit etwas Wasser bestreichen und an der Nahtstelle fest andrücken. Auf das Blech legen.

6 Reispäckchen mit etwas Bratfond von der Füllung oder leicht mit Öl bestreichen. Unter dem heißen Grill 1-2 Minuten backen, die Oberfläche sollte ganz leicht bräunen. Salat mit Marinade beträufeln und Reispäckchen darauf anrichten.

extra-tip

Die Reisblätter müssen gut durchgefeuchtet sein, damit sie nicht brechen. In einigen Ländern Asiens werden die gefüllten Rollen nicht mehr gegart, sondern roh gegessen. In unserem Anhang zeigen wir Ihnen, wie Sie mit Reisblättern umgehen können.

Tips & Alternativen

Das Füllen der Reisblätter ist etwas knifflig für Anfänger und macht zusammen mehr Spaß. Laden Sie sich doch die Gäste bereits zur Vorbereitung des Essens ein!

Filet mit Glasnudeln und **Shiitake-Pilzen**

1 Rinderfilet in dünne Streifen schneiden. Spargelenden abbrechen, Spargel waschen, in fingerlange Stücke schneiden und längs halbieren. Shiitake putzen. Lauch putzen, in Julienne-Streifen schneiden. Ingwer und Knoblauch schälen, beides fein würfeln. Peperoni längs aufschneiden, entkernen und in dünne Streifen schneiden.

2 Glasnudeln mit kochendem Wasser überbrühen. 5 Minuten ziehen lassen.

3 Öl in einer großen Pfanne erhitzen. Zuerst das Gemüse, Knoblauch, Ingwer und Peperoni darin scharf anbraten. Zur Seite rühren. Fleisch scharf anbraten. Mit Austernsauce, Sojasauce und Sambal oelek würzen. Glasnudeln abgießen, vorsichtig untermischen. Koriander abspülen, trockentupfen und auf den Nudeln garnieren

Tips & Alternativen

Dieses Gericht gelingt besonders gut im Wok.

extra-tip

Peperoni enthalten sehr scharfen Saft. Waschen Sie deshalb sofort nach Bearbeitung die Hände; berühren Sie vorher nicht Ihr Gesicht!

Zutaten

für 4 Personen

250 g Glasnudeln
250 g Rinderfilet
200 g grüner Spargel
100 g Shiitake Pilze (im Gemüseladen evtl. vorbestellen)
1 00 g Lauch
1 rote Peperoni
3 EL Öl
2 EL Austernsauce
3 EL dunkle Sojasauce
1 Bund frischer Koriander
1 nußgroßes Stück Ingwer
2 Knoblauchzehen
2 TL Sambal oelek

Zubereitungszeit
30 Minuten

Frische-Check
Grüner Spargel
April – Juli

Getränketip
kühles Bier oder
kräftiger Rotwein (Merlot)

Nährwerte (pro Portion)	
Folsäure	40 %
Fett	9 g
Ballaststoffe	3 g
Kalorien	275

Steinpilzstrudel mit Petersilie

Zutaten
für 2 Personen

für den Teig:

80 g Weizenmehl Type 550
1 Ei, 1 TL Öl, Muskat, Jodsalz

für die Füllung:

1 Sellerieknolle (ca. 300 g)
200 g Steinpilze
1 EL Öl, 2 Tropfen Chiliöl
1 EL Zitronensaft
100 ml Steinpilz-Hefebrühe (Reformhaus)
1 Schalotte
3 Salbeiblätter
schwarzer Pfeffer (Mühle)

für die Sauce:

1 Petersilienwurzel
1 Bund Petersilie
150 g Vollmilchjoghurt
1 TL Zitronensaft, 1 TL Honig
2-3 Tropfen Chiliöl
4 Salatblätter

Zubereitungszeit
1 Stunde 30 Minuten

Frische-Check
Knollensellerie
Oktober – März

Getränketip
Weißwein(Grauburgunder)

Nährwerte (pro Portion)

Eisen	47 %
Fett	17 g
Ballaststoffe	11 g
Kalorien	413

1 Alle Teigzutaten mit den Händen zu einem glatten, glänzenden Teig verkneten. Eventuell dabei 1 Eßlöffel warmes Wasser unterkneten. Den Teig in Frischhaltefolie wickeln und im Kühlschrank 1 Stunde ruhen lassen.

2 Für die Füllung Sellerie putzen, waschen und kleinschneiden. Mit Zitronensaft in der Brühe garen und pürieren. Mit Chiliöl würzen. Steinpilze mit einem Pinsel vorsichtig säubern. In dünne Streifen schneiden. Schalotte pellen und würfeln. Salbeiblättchen waschen und in Streifen schneiden. Pilze mit Schalotte und Salbei im Öl braten. Pfeffern und abkühlen lassen.

3 Backofen auf 200° C vorheizen. Ein Küchenhandtuch dünn mit Mehl bestreuen. Strudelteig flach drücken, auf das Handtuch legen und mit einem Nudelholz hauchdünn ausrollen. Selleriepüree in die Mitte der Teigplatte geben und etwas verstreichen. Die Teigränder dabei frei lassen. Pilze darauf verteilen. Den Teig einschlagen. Strudel mit der Naht nach oben auf ein eingeöltes Backblech legen. Mit etwas Salzwasser bestreichen und 20 Minuten backen.

4 In der Zwischenzeit die Sauce zubereiten: Petersilienwurzel putzen und raspeln. Petersilienblätter waschen und hacken. Beides in den Joghurt rühren und mit Zitronensaft, Honig und Chiliöl abschmecken. Die Salatblätter waschen, trockentupfen und auf einer Platte dekorativ auslegen. Den gebackenen Strudel vorsichtig vom Backblech auf die Platte heben und darauf anrichten. Die Sauce dazu reichen.

extra-tip

Wer mit Strudelteig nicht so geübt ist, kann die fertige Teigmenge in zwei Teile teilen, getrennt ausrollen und dann zwei kleine Strudel daraus formen. Diese reißen dann nicht so leicht.

Tips & Alternativen

Getrocknete Steinpilze eignen sich auch. Dann das Einweichwasser zum Kochen verwenden.

variation

Champignon-Tagliatelle:
(Für 8 Personen)

800 g aufgerollte grüne Tagliatelle
200 g Fontinakäse
1 kg Champignons
2 Bund Lauchzwiebeln
800 g kleine, vollreife Tomaten, 2 Bund Basilikum
5 Lorbeerblätter, 5 EL Olivenöl, schwarzer Pfeffer
Jodsalz

Zubereitung

1 *Nudeln in sprudelndem Salzwasser nach Packungsanweisung al dente kochen.*

2 *Backofen auf 200°C vorheizen. Pilze putzen. Lauchzwiebeln putzen und in fingerbreite Stücke schneiden. Tomaten waschen, halbieren. Basilikum waschen und die Blätter in Streifen schneiden.*

3 *Nudeln abgießen. Nudelnester auf ein tiefes Backblech setzen. Pilze, Zwiebeln, Tomaten und Lorbeerblätter dazwischen verteilen. Mit Basilikum bestreuen und mit dem Öl beträufeln. Gut pfeffern. 15 Minuten backen. Käse in Streifen schneiden und auf den Nudeln verteilen. Noch einmal 5 Minuten im Backofen überbacken.*

Tagliolini mit frischen **Trüffeln**

1 Nudelteig zubereiten. Nudeln in reichlich sprudelndem Salzwasser weich garen. Alternativ getrocknete Nudeln al dente kochen.

2 Das Trüffelpüree mit der Milch und dem Fond bei starker Hitze sämig einkochen lassen. Mit Salz und Pfeffer abschmecken.

3 Nudeln abgießen, gut abtropfen lassen und mit der Sauce mischen. Nudeln auf Tellern anrichten. Trüffel in hauchdünnen Scheiben darüberhobeln. Trüffelöl darüberträufeln.

Trüffel

Frische Trüffel mit einer feuchten Nagelbürste sorgfältig reinigen. Am besten in Reis oder zusammen mit Eiern aufbewahren; so wird er vor Feuchtigkeit und damit Schimmel bewahrt und aromatisiert gleichzeitig seine Umgebung. (Trüffelrührreier beispielsweise sind etwas Herrliches.) Dunkle Trüffel vor dem Hobeln hauchdünn schälen. Die Reste zu Püree verarbeiten.

Zutaten
für 4 Personen

1 Grundrezept Nudelteig
oder 300 g Tagliolini
1 großer frischer schwarzer Trüffel
2 EL Trüffelpüree (aus dem Glas/Feinkostgeschäft)
200 ml Milch
100 ml Gemüsefond (aus dem Glas)
2-3 Tropfen Trüffelöl
weißer Pfeffer (Mühle)
Salz

Zubereitungszeit
20 Minuten

Frische-Check
Trüffel
August - März

Getränketip
voller Rotwein (Barolo)

Nährwerte (pro Portion)

Eisen	26 %
Fett	4 g
Ballaststoffe	8g
Kalorien	330

Tips & Alternativen
Statt frischer Trüffel können Sie auch mehr Trüffelpüree verwenden.

Lachsnudeln von der **Westküste**

Zutaten
für 4 Personen

400 g Tagliatelle
400 g Wildlachsfilet
300 g Eiertomaten
1 Schalotte
1 TL Maiskeimöl
2 EL Schmand
2 EL Fischfond
2 TL Limettensaft
1 Knoblauchzehe
1 kleine rote Chilischote
weißer Pfeffer (Mühle)
Jodsalz

Zubereitungszeit
30 Minuten

Frische-Check
Tomaten
April – Oktober

Getränketip
Weißwein (kalifornischer Chardonnay)

Nährwerte (pro Portion)	
Vitamin B12	99 %
Fett	13 g
Ballaststoffe	8 g
Kalorien	570

1 Schalotte und Knoblauch pellen, fein hacken. Chili waschen, der Länge nach aufschneiden, Kerne herauslösen, Schote waschen und fein hakken. Alles mit dem Öl erhitzen und glasig dünsten. Mit Fond ablöschen, Schmand mit einem Schneebesen unterrühren.

2 Fischfilet unter kaltem Wasser abspülen, mit Küchenkrepp trockentupfen. In Würfel schneiden und mit Limettensaft beträufeln, etwas salzen. Lachs im Fond bei schwacher Hitze in 5 Minuten garziehen lassen.

3 Inzwischen reichlich Salzwasser in einem großen Topf aufkochen und Nudeln darin nach Packungsanweisung al dente garen.

4 Tomaten kreuzweise einritzen, mit kochendem Wasser überbrühen, häuten, entkernen und in feine Spalten schneiden. Fruchtfleisch unter die Sauce heben, mit Pfeffer abschmecken. Nudeln abgießen, auf 4 Teller verteilen, mit der Sauce anrichten, sofort servieren.

extra-tip

Echter Wildlachs ist heute eine Rarität und kommt meist aus Kanada. Er schmeckt aromatischer als sein Verwandter aus Zuchtbeständen und hat weniger Fett. Alternativ können Sie natürlich auch den preisgünstigen Zuchtlachs nehmen.

Tips & Alternativen

Das Schärfezentrum von Chillies liegt in den Kernen: Je nachdem, ob Sie die Kerne verwenden, können Sie die Sauce nach Geschmack mehr oder weniger pikant würzen.

Kartoffel-Lachs-**Lasagne**

1 Kartoffeln schälen, würfeln. In Gemüsebrühe garen. Zerdrücken und mit Milch, Muskat und 1 EL Parmesan abschmecken. Kräuter waschen, trockentupfen. Sehr fein hacken oder wiegen und unter den Kartoffelbrei ziehen.

2 Backofen auf 200° C vorheizen.

3 Spinat verlesen, grobe Stiele entfernen. Blätter waschen. Schalotten pellen, fein würfeln. Beides in 1 EL Öl bei geschlossener Pfanne kurz dünsten. Mit Salz und Pfeffer würzen.

4 Eine rechteckige Gratinform mit Öl ausstreichen, und das gewürzte Kartoffelpüree, die Lasagneplatten, den Spinat und den Lachs einschichten. Mit einer Lage Kartoffelpüree abschließen und mit dem restlichen Parmesan bestreuen. Im Backofen 25 Minuten garen.

5 Die Lasagne vor dem Servieren noch 5-10 Minuten im ausgeschalteten Ofen ruhen lassen, damit sich die Zutaten gut miteinander verbinden. Einige Minuten auf dem Herd auskühlen lassen, dann aufschneiden und servieren.

extra-tip

Frischer Blattspinat muß schnell verarbeitet werden, denn er welkt leicht. Aber wenn Sie ihn putzen, erst in warmem und dann in kaltem Wasser spülen und abgetropft in einen Gefrierbeutel geben, hält er sich bis zum Verbrauch mehrere Tage im Kühlschrank.

Tips & Alternativen

Zu diesem etwas deftigen Gericht kann man durchaus auch ein gepflegtes Bier servieren.

Zutaten

für 4 Personen

9 weiße Lasagneplatten
400 g Kartoffeln
100 g geräucherte Lachsscheiben
500 g Blattspinat
2 Schalotten
200 ml Gemüsebrühe
150 ml fettarme Milch
2 EL geriebenen Parmesan
je ein Bund glatte Petersilie und Schnittlauch
2 EL Sonnenblumenöl
1 Prise frisch geriebenen Muskat
Jodsalz, weißer Pfeffer

Zubereitungszeit
1 Stunde

Frische-Check
Kartoffeln
ganzjährig

Getränketip
fruchtiger Weißwein (Riesling) oder Bier

Nährwerte (pro Portion)

Vitamin C	101 %
Fett	9 g
Ballaststoffe	5 g
Kalorien	299

Zutaten
für 4 Personen

für den Teig:
300 g Weizenmehl
Type 405, 3 Eier
1 Bund Kerbel, 1 TL Jodsalz
für das Ragout:
400 g Seezungenfilet
100 g Shrimps
(frisch oder TK-Ware)
100 g Champignons
50 ml Weißwein,
150 ml Gemüsefond
(aus dem Glas)
2 EL saure Sahne, 2 Eigelb
1 Limette
3 Zweige Estragon
5 weiße Pfefferkörner
1 Lorbeerblatt
1 TL Dijonsenf
weißer Pfeffer (Mühle)

Zubereitungszeit
2 Stunden (inkl. Ruhezeit)

Frische-Check
Champignons
ganzjährig

Getränketip
Champagner oder feiner Weißwein (Sancerre)

Nährwerte (pro Portion)	
Vitamin B2	90 %
Fett	17 g
Ballaststoffe	4 g
Kalorien	555

Kerbelnudeln in Seezungenragout

1. Kerbel waschen, trockentupfen und zerpflükken. Mit Mehl, Eiern und Salz zu einem glatten Nudelteig verkneten. Wenn der Teig zu fest ist, noch 1-2 EL warmes Wasser unterkneten. Den Teig fest in Klarsichtfolie einwickeln. Im Kühlschrank 1 Stunde ruhen lassen.

2. Inzwischen die Zutaten für das Seezungenragout vorbereiten: Die Fischfilets kalt abspülen und in fingerbreite Streifen schneiden. Limette waschen, in Scheiben schneiden. Pilze putzen, in Scheiben schneiden. Estragon waschen, Blätter abzupfen. Pfeffer im Mörser zerstoßen.

3. In einem großen Topf Salzwasser zum Kochen bringen. Nudelteig auf der bemehlten Arbeitsfläche dünn ausrollen. Mit einem scharfen Messer in breite Bänder schneiden, vorsichtig hochnehmen und sofort in das kochende Wasser geben. 4-5 Minuten ziehen lassen. Abgießen und in eine vorgewärmte Schüssel geben.

4. Gemüsefond mit 3 Limettenscheiben, Lorbeerblatt und den zerstoßenen Pfefferkörnern aufkochen. Fisch, Champignons und Shrimps zufügen. Wein angießen, 2 Minuten ziehen lassen. Limetten und Lorbeer entfernen. Eigelb, Senf und saure Sahne verquirlen. Vorsichtig in die Sauce rühren, dabei nicht mehr kochen. Estragonblätter zugeben und Pfeffer darüber mahlen. Mit restlichen Limettenscheiben und Kerbelnudeln anrichten.

extra-tip

Wer eine Nudelmaschine besitzt, kann den Teig in der Maschine verarbeiten. Wie's geht, zeigen wir Ihnen im Anhang dieses Buchs.

Tips & Alternativen

Die zartgefiederten Kerbelblättchen verwendet man ähnlich wie Petersilie auch zur Garnierung.

extra-tip

Zwar kann man in Deutschland Basilikum mittlerweile natürlich ganzjährig bekommen, doch die typische Jahreszeit für das aromatische Kraut ist der Sommer. Dann ist es zu dichten Büschen mit großen Blättern und wesentlich mehr Aroma herangewachsen.

Thymian-Ravioli mit **Thunfischfüllung**

1 Thymian waschen, mit Küchenkrepp gut abtupfen und die Blättchen von den Stielen rebeln. Mehl, Thymian und Salz in eine Rührschüssel geben. Eier nach und nach unterrühren, zum Schluß den Teig per Hand gut durchkneten, bis er glatt und glänzend aussieht. Auf einen Teller legen, mit Klarsichtfolie abdecken und im Kühlschrank 1 Stunde ruhen lassen.

2 Lauchzwiebeln putzen, abspülen und trockentupfen. In feine Ringe schneiden. Senf, Lauchzwiebeln und Thunfisch auf einem Teller leicht mengen. Mit Kapern und Pfeffer würzen.

3 Tomaten an der Oberseite kreuzweise einritzen. Mit der Schaumkelle kurz in kochendes Wasser tauchen. Herausnehmen und die Haut abziehen. Tomaten kleinschneiden. Knoblauch pellen. Basilikum waschen, gut trockentupfen, grob zerzupfen. Alle Zutaten in eine Rührschüssel geben. Getrocknete Tomaten, Pinienkerne und Toastbrot zugeben. Mit dem Pürierstab pürieren und dabei langsam das Öl zufügen. Mit Pfeffer abschmekken. Pesto in eine große Schüssel füllen. Im Backofen bei 100° C erwärmen.

4 Einen großen Topf mit Salzwasser zum Kochen bringen. Teig auf einem bemehlten Küchentuch sehr dünn ausrollen. Teigplatte in zwei Hälften schneiden. Auf die eine Hälfte im Abstand von ca. 4 Zentimeter mit einem Teelöffel die Füllung in kleinen Häufchen plazieren. Den Teig entlang der Füllung mit einem Teigpinsel und kaltem Wasser etwas anfeuchten. Die andere Teigplatte vorsichtig darüberlegen und die Zwischenräume sowie die Ränder sorgfältig andrücken. Nun mit einem Teigrädchen die einzelnen Ravioli ausrädeln und sofort in das siedende, aber nicht sprudelnde Wasser geben. 6-8 Minuten ziehen lassen, bis sie an die Oberfläche steigen. Mit einer Schaumkelle aus dem Kochwasser heben. Abtropfen lassen und gleich mit dem Pesto mengen.

Tips & Alternativen

Im Anhang zeigen wir Ihnen Schritt für Schritt, wie Ravioli sicher gelingen.

Zutaten
für 4 Personen

für den Teig:
300 g Weizenmehl
Type 550, 1 TL Jodsalz
3 Eier, 1 Bund Thymian

für die Füllung:
150 g Thunfisch naturell
(aus der Dose)
2 Lauchzwiebeln
1 TL Kapern, 1 EL Senf
schwarzer Pfeffer

für den Pesto:
100 g frische Tomaten
1 Scheibe Toastbrot
3 Knoblauchzehen
120 g getrocknete
Tomaten in Öl
50 g Pinienkerne
1 Bund Basilikum
3 EL Öl (von den Tomaten)
Pfeffer (Mühle)

Zubereitungszeit
2 Stunden (inkl. Ruhezeit)

Frische-Check
Knoblauch
Juni - Oktober

Getränketip
leichter Rotwein
(junger Chianti)

Nährwerte (pro Portion)

Selen	341 %
Fett	20 g
Ballaststoffe	4g
Kalorien	632

Bandnudeln mit **Lamm** und Rosmarin

Zutaten
für 4 Personen

400 g Tagliatelle
300 g Lammgulasch aus der Keule
2 Stangen Lauch (300g)
3 Möhren (ca. 300g)
2 Zwiebeln
2 TL Olivenöl extra vergine
300 ml Gemüsebrühe
200 ml trockener Rotwein
2 Knoblauchzehen
1 Zweig Rosmarin
2 Lorbeerblätter
2 Gewürznelken
schwarzer Pfeffer (Mühle)
Jodsalz

Zubereitungszeit
1 Stunde

Frische-Check
Lauch
August – Dezember

Getränketip
junger Rotwein (Gamay)

Nährwerte (pro Portion)	
Vitamin B12	66 %
Fett	18 g
Ballaststoffe	9 g
Kalorien	624

1. Gemüse putzen, gründlich waschen und in feine Scheiben schneiden. Zwiebel und Knoblauch pellen, achteln bzw. kleinschneiden. Öl erhitzen, Fleisch darin von allen Seiten kräftig anbraten, Gemüse hinzugeben und kurz mitdünsten.

2. Mit Salz, Pfeffer und Rosmarin würzen, Rotwein und Brühe angießen, restliche Gewürze zugeben. Zugedeckt unter regelmäßigem Umrühren ca. 40 Minuten schmoren. Bei Bedarf noch Gemüsebrühe angießen.

3. Etwa 15 Minuten vor Ende der Garzeit reichlich Salzwasser für die Nudeln aufkochen, Nudeln nach Packungsangabe al dente garen, abgießen, abtropfen lassen und auf 4 Teller verteilen. Lorbeerblatt und Nelken aus der Sauce nehmen, Gulasch über die Nudeln geben, sofort servieren.

Tips & Alternativen
Gulasch läßt sich ideal vorbereiten und bietet eine deftig-feine Mahlzeit für Gäste.

Lammeinkauf
Anders als im kulinarisch engagierten Nachbarland Frankreich, anders selbst als im kulinarischen „Entwicklungsland" England, hat sich in Deutschland das Lammfleisch noch nicht durchgesetzt. Sollten Sie also nicht in einer Großstadt leben, kann sich der Kauf von frischem Lammfleisch schwierig gestalten. Abhilfe bieten aber die Supermärkte, die Lammfleisch als Tiefkühlware anbieten.

extra-tip
Die Garzeit verkürzen Sie um ca. die Hälfte, wenn Sie das Gulasch in einem Dampfdrucktopf garen.

extra-tip

Der Tomaten-Lamm-Sugo läßt sich sehr gut einfrieren. Die Mengen entsprechend vervielfachen, portionsweise abfüllen. Hält sich ungefähr 6 Monate im Gefrierschrank.

Tips & Alternativen

Für eine vegetarische Variante das Hackfleisch einfach durch über Nacht eingeweichten Grünkern ersetzen.

Pappardelle mit Lamm-Tomaten-Sugo

1 Zwiebeln und Knoblauch pellen, hacken. Öl in einem großen Topf erhitzen, Zwiebeln und Knoblauch darin anschwitzen. Aufgetautes Lammhack zugeben und rundum anbraten, salzen und pfeffern. Thymian kalt abbrausen, einen Zweig für die Garnierung zurückbehalten.

2 Hackfleisch mit Brühe ablöschen, Thymian zugeben und bei mittlerer Hitze auf ungefähr ein Drittel reduzieren lassen. Währenddessen Tomaten kreuzweise einritzen, mit heißem Wasser überbrühen, häuten, entkernen und vierteln. Oliven entsteinen und vierteln. Vorbereitete Zutaten zur Sauce geben, kurz aufkochen lassen. Mit Salz, Pfeffer und Zimt abschmecken.

3 Nudeln in reichlich kochendem Salzwasser nach Packungsangabe al dente garen. Abgießen, Lamm-Sugo darüberlöffeln, mit einigen Thymianblättchen garnieren und gleich servieren.

Zutaten

für 4 Personen

400 g Pappardelle
250 g Lammhack
(TK-Ware oder frisch)
500 g vollreife
Flaschentomaten
12 grüne Oliven
2 Zwiebeln
1 TL Olivenöl extra vergine
100 ml Gemüsebrühe
2 Knoblauchzehen
einige Zweige Thymian
Zimt
weißer Pfeffer (Mühle)
Jodsalz

Zubereitungszeit
40 Minuten

Frische-Check
Thymian
Mai - September

Getränketip
kühles Bier oder
leichter roter Landwein

Nährwerte (pro Portion)

Vitamin B6	28 %
Fett	16 g
Ballaststoffe	7 g
Kalorien	558

Tips & Alternativen

Die kleinen Okraschoten finden Sie in südländischen Gemüseläden.

Ditali mit Okra und Kaninchenfilet

Zutaten
für 4 Personen

- 250 g Ditali
- 250 g Kaninchenfilet
- 500 g Tomaten
- 200 g Okraschoten
- 3 mittelgroße Zwiebeln
- 1 EL Olivenöl extra vergine
- 100 ml Rotwein
- 400 ml Gemüsefond (aus dem Glas)
- 2 EL Essig
- 3 Knoblauchzehen
- 1 Lorbeerblatt
- 1 Zweig Rosmarin
- 5 Zweige Thymian
- 1 Prise Zimt
- weißer Pfeffer, Jodsalz

Zubereitungszeit
1 Stunde 30 Minuten (inkl. Marinierzeit)

Frische-Check
Okra
ganzjährig

Getränketip
griechischer Rotwein (z.B. Naoussa)

Nährwerte (pro Portion)	
Niacin	52 %
Fett	6 g
Ballaststoffe	4 g
Kalorien	393

1. Kaninchenfilet kalt abspülen, trockentupfen. Im Wein mit Lorbeer und Rosmarin 1 Stunde marinieren.

2. Tomaten auf der Oberseite kreuzweise einritzen. In kochendes Wasser tauchen. Herausnehmen, die Haut abziehen. Tomaten mit Gemüsefond pürieren.

3. Essig mit 1 Liter Wasser in eine Schüssel geben. Okra waschen. Die harten Kappen abschneiden. Okraschoten sofort ins Essigwasser geben, damit an den Schnittflächen kein Saft austritt.

4. Backofen auf 200° C vorheizen. Zwiebeln und Knoblauch pellen und vierteln. Mit Kaninchenfleisch im Öl scharf anbraten. Fleisch herausnehmen. Salzen, pfeffern. Okra im Bratfond andünsten. Mit Tomatenpüree und Fleischmarinade ablöschen. Rosmarinzweig und Lorbeerblatt entfernen. Sauce mit Salz, Pfeffer und Zimt würzen. Thymian waschen, Blättchen abrebeln und hinzufügen.

5. Nudeln in eine Auflaufform füllen. Okragemüse zufügen und gut umrühren, damit die Nudeln nicht am Formboden ankleben. Im Backofen 30 Minuten garen.

6. Kaninchenfleisch in Scheiben schneiden. In die Form zu den Nudeln geben und noch weitere 5 Minuten mitgaren.

extra-tip

Wenn Sie dieses südländische Gericht ganz authentisch zubereiten wollen, dann fahnden Sie nach Kritharaki-Nudeln, den griechischen Hartweizennudeln, die es in gutsortierten Supermärkten gibt. Sie passen perfekt zu diesem Gericht.

Spätzle mit **Rehragout** und Pfifferlingen

1 Spätzle in sprudelndem Salzwasser nach Packungsanweisung garen.

2 Fleisch kalt abspülen, trockentupfen. In dünne Scheiben schneiden. Im heißen Öl anbraten. Herausnehmen, salzen und pfeffern. Zwiebel pellen, in Ringe schneiden. Pfifferlinge mit einem Pinsel gut abbürsten. Große Pilze durchteilen. Im Bratfett mit der Zwiebel braten. Fond und Senf einrühren, aufkochen. Fleisch zufügen kurz ziehen lassen. Sahne löffelweise einrühren, nicht mehr kochen. Petersilie waschen, trockenschütteln, kleinschneiden. Wacholderkörner grob zerstoßen. Beides hinzufügen. Ragout und Spätzle mengen.

Tips & Alternativen

Zu Spätzle und Wild paßt natürlich auch jeder andere aromatische Speisepilz.

extra-tip

Wild darf nicht zu lange braten, da das zarte Fleisch leicht zäh werden kann. Es sollte aber innen durchgegart sein. Deswegen empfiehlt sich ein scharfes Anbraten, und dann ein leichtes Ziehenlassen in der Sauce zum Nachgaren.

Zutaten
für 4 Personen

- 400 g Spätzle
- 200 g Reh- oder Hasenfilet
- 250 g Pfifferlinge
- 1 mittelgroße Zwiebel
- 1 EL Sonnenblumenöl
- 200 ml Wildfond (aus dem Glas)
- 100 g saure Sahne (10% Fett)
- 1 Bund glatte Petersilie
- 1 EL süßer Senf
- 2 Wacholderkörner
- schwarzer Pfeffer (Mühle)
- Jodsalz

Zubereitungszeit
20 Minuten

Frische-Check
Pfifferlinge
Juli – September

Getränketip
Rotwein (Bordeaux)

Nährwerte (pro Portion)	
Eisen	67 %
Fett	9g
Ballaststoffe	7 g
Kalorien	501

Forellen-Ravioli mit Kresse

Zutaten
für 4 Personen

für den Teig:
300 g Weizenmehl
Type 550
3 Eier
1 TL Salz

für Füllung und Kräuteröl:
1 Meerrettichwurzel (5 cm)
300 g geräuchertes Forellenfilet
100 g Magerquark
5 EL Olivenöl extra vergine
2 Kästchen Kresse
1 Bund glatte Petersilie
1 TL eingelegte grüne Pfefferkörner, Jodsalz

Zubereitungszeit
1 Stunde 30 Minuten (inkl. Ruhezeit)

Frische-Check
Meerrettich
September – April

Getränketip
deutscher Weißwein

Nährwerte (pro Portion)	
Eisen	21 %
Fett	19 g
Ballaststoffe	3 g
Kalorien	514

1. Aus den Teigzutaten mit den Händen einen glatten, glänzenden Teig kneten. In Frischhaltefolie einschlagen und 1 Stunde ruhen lassen.

2. In der Zwischenzeit den Meerrettich schälen und reiben. 1 Teelöffel vom Meerrettichmus mit dem Forellenfilet und Magerquark zu einer Paste verrühren. Pfefferkörner hinzufügen.

3. Reichlich Salzwasser in einem großen Topf zum Kochen bringen.

4. Den Teig auf einer bemehlten Arbeitsfläche dünn ausrollen. Auf die eine Hälfte in Abständen von ca. 6 cm mit einem Teelöffel kleine Häufchen der Forellenfüllung setzen.

5. Die Teigränder mit einem in warmes Wasser getauchten Teigpinsel bestreichen. Nun die andere Hälfte über die belegte Teigplatte legen und die Teigplatten zwischen den Füllungen und am Rand sehr gut andrücken, damit die „Nähte" der Ravioli beim Kochen nicht aufplatzen und ihre Füllung verlieren.

6. Aus den Teigplatten mit einem Teigrädchen Vierecke mit Füllung in der Mitte ausrädeln. Die Ravioli im siedenden Wasser 6-8 Minuten garen.

7. Unterdessen das Olivenöl in einer großen Pfanne nur erwärmen, aber nicht bratheiß werden lassen. Die Kräuter waschen, trockentupfen, kleinschneiden und hinzugeben.

8. An der Oberfläche schwimmende Ravioli sind gar. Die Ravioli mit einem Schaumlöffel aus dem Wasser heben und in die Pfanne zu den Kräutern geben. Alle Zutaten vorsichtig mengen, gleichmäßig erwärmen und mit dem restlichen geriebenen Meerrettich bestreuen. Noch warm servieren.

Tips & Alternativen

Frisch zubereitete Ravioli mit Grieß bestreuen. So halten sie sich länger.

extra-tip

Sieht toll aus und schmeckt lecker: Servieren Sie Ihre Ravioli auf einer Scheibe Räucherlachs und mit ineinander gedrehten Zitronenscheiben.

Mehl anhäufeln und die Eier in die Mulde schlagen. Mit den Fingern von innen nach außen zu einem Teig verkneten.

Nicht zuviel Füllung nehmen, sonst platzen Ihre Päckchen. Dazwischen ausreichend „Sicherheitsabstand" lassen.

Ravioli mit einem Teigrädchen durchtrennen. Das sieht hübsch aus und hält auch besser.

extra-tip

Aus dem Nudelteig können Sie auch kleine Ravioli machen. Dazu auf einen etwa 4 cm breiten Teigstreifen kleine Häufchen der Füllung im Abstand von etwa 4 cm setzen. Zweiten Teigstreifen daraufsetzen, Zwischenräume andrücken und mit einem Teigrad in Quadrate schneiden.

Tips & Alternativen

Ricotta kann man durch abgetropften Magerquark ersetzen.

Ricotta-Ravioli-Salat mit eingelegten Tomaten

1 Für den Nudelteig Mehl, Ei, Eiweiß, 4 EL kaltes Wasser, Öl und Salz in einer Schüssel mit dem Handrührgerät oder der Küchenmaschine etwa 10 Minuten zu einem glatten, glänzenden Teig verkneten. Zu einer Kugel formen, eng in Klarsichtfolie wickeln und unter einer angewärmten Schüssel 30 Minuten ruhen lassen.

2 Inzwischen für die Füllung Parmesan fein reiben, mit Ricotta und Ei verrühren. Basilikum abbrausen, trockenschütteln und die Blättchen fein hacken. Die Hälfte zusammen mit Muskat, Salz und Pfeffer unter den Ricotta rühren.

3 Tomaten abtropfen lassen, in feine Streifen schneiden. Pinienkerne in einer Pfanne ohne Fett goldbraun rösten. Für das Dressing Essig, Salz, Pfeffer und restlichen Basilikum verrühren, dann das Öl unterschlagen. Tomatenstreifen dazugeben.

4 Hälfte des Teiges auf bemehlter Arbeitsfläche dünn ausrollen und mit einem Teigrad etwa 6 cm große Quadrate schneiden. Jeweils etwas Füllung in die Mitte setzen, die Quadrate zur Hälfte zusammenlegen und Teigränder rundum gut andrücken. Dann die schmalen Enden in entgegengesetzter Richtung zur Bonbonform drehen. Die Teigenden flachdrücken.

5 Reichlich Salzwasser zum Kochen bringen und die Nudeln darin 10 Minuten garen. Vorsichtig abgießen, kalt abschrecken und abtropfen lassen.

6 Nudelbonbons in eine Schüssel geben, Dressing und Pinienkerne dazugeben und vorsichtig unterheben. Noch warm servieren.

Zutaten

für 4 Personen

200 g Mehl, 1 kleines Ei
1 Eiweiß, 1 EL Öl
1 TL Jodsalz
50 g Parmesan
250 g Ricotta, 1 Ei
1 Bund Basilikum
frisch geriebene Muskatnuß
weißer Pfeffer (Mühle)
5 eingelegte Tomaten in Öl
2 EL Pinienkerne
1 EL Balsamessig
3 EL Olivenöl
Mehl für die Arbeitsfläche

Zubereitungszeit
1 Stunde

Frische-Check
Basilikum
Juni – September

Getränketip
Prosecco

Nährwerte (pro Portion)

Eisen	40 %
Fett	26 g
Ballaststoffe	3 g
Kalorien	423

Cannelloni mit bunter Hackfleischfüllung

Zutaten
für 4 Personen

12 Cannellonirollen
250 g mageres Rinderhackfleisch
800 g Spinat
1 rote Paprika
2 Eier
150 g Vollmilchjoghurt
2 EL Öl
1 EL Zitronensaft
2 Knoblauchzehen
1 Bund Schnittlauch
1 Mrsp. Edelsüß-Paprika
1 Prise Piment
2 El Tomatenmark
1 Mrsp. Kreuzkümmel
weißer Pfeffer
Jodsalz

Zubereitungszeit
1 Stunde

Frische-Check
Spinat
ganzjährig

Getränketip
kühles Bier

Nährwerte (pro Portion)	
Eisen	83 %
Fett	11 g
Ballaststoffe	5 g
Kalorien	318

1 Den Backofen auf 200° C vorheizen. Den Knoblauch pellen und fein würfeln. Den Schnittlauch waschen, trockentupfen und in feine Röllchen schneiden. Die Paprikaschote aufschneiden und die Samen und Trennwände entfernen. In größere Stücke teilen, waschen und auf der Gemüsereibe raspeln oder ganz fein schneiden.

2 Das Öl in einer großen beschichteten Pfanne erhitzen. Die Zutaten zusammen mit dem Edelsüß-Paprika, dem Piment, dem Kreuzkümmel, dem Tomatenmark und dem Hackfleisch im heißen Öl 3 Minuten schmoren. Dabei das Fleisch mit einem beschichteten Rührlöffel glattrühren, damit es gleichmäßig von allen Seiten bräunt.

3 Die Cannellonirollen mit dem gut gewürzten Fleisch füllen. Dafür eignet sich am besten ein Espressolöffel. Die fertigen Teigrollen dicht nebeneinander in eine Auflaufform setzen.

4 Währenddessen den Spinat je nach Bedarf 2-3 mal waschen und verlesen. Gut abtropfen lassen und dann mit Zitronensaft und Kreuzkümmel im Bratfond kurz andünsten, bis er zerfällt.

5 Den Spinat auf die Teigrollen löffeln. Die Eier mit dem Joghurt verquirlen und mit Salz und Pfeffer herzhaft abschmecken. Die Cannelloni damit übergießen und im Backofen 30 Minuten backen, bis sich eine Kruste gebildet hat.

6 Das Gratin noch einige Minuten im abgeschalteten Ofen ruhen lassen, dann aufschneiden und gleich servieren.

Tips & Alternativen

Zu diesem Gericht paßt ein gemischter Blattsalat mit Zitrone-Öl-Dressing.

extra-tip

Kreuzkümmel, schwarzer Kreuzkümmel und Schwarzkümmel gehören zu den Aromaintensivsten unter den Gewürzen. Sie haben trotz des Namens mit unserem etwas derben Kümmel geschmacklich nicht viel gemein. Trotzdem gilt: Lieber sparsam dosieren.

variation

Cannelloni mit Blattspinat und Pfifferlingen
(Für 4 Personen)

12 Cannellonirollen
100 g gehobelter Appenzeller
250 g Pfifferlinge
1 kg Blattspinat
3 Schalotten
1 Knoblauchzehe
2 EL Olivenöl extra vergine
150 ml Steinpilz-Hefebrühe
1 Bund Schnittlauch
Muskat
Jodsalz, weißer Pfeffer

Zubereitung

1 *Backofen auf 200° C vorheizen. Pfifferlinge putzen, Spinat verlesen und waschen. Schalotten und Knoblauch pellen und würfeln. Beides im Öl anbraten. Pilze zugeben und knusprig braten. Spinat hinzufügen, zusammenfallen lassen. Kräftig abschmecken.*

2 *Spinatfüllung mit einem Löffel oder einer Spritztüte in die Cannellonirollen drücken. In eine Auflaufform legen. Restliche Spinat-Pilzmischung mit Brühe auffüllen und etwas einkochen. Auf den Cannelloni verteilen. Mit Appenzeller bestreuen. Im Backofen 30 Minuten backen. Schnittlauch waschen, in Röllchen schneiden und die fertigen Cannelloni damit bestreuen.*

Cannelloni mit Mozzarella und **Gemüsecreme**

extra-tip

Nudeln brauchen zum Garen Flüssigkeit. Deshalb darf die Sauce nicht zu dickflüssig sein. Bei Bedarf noch etwas Wasser angießen und nachwürzen.

Tips & Alternativen

Für dieses etwas italienische Gericht eignet sich die italienische glatte Petersilie gut.

1 Mozzarella sehr fein würfeln. Petersilie waschen, trockenschütteln. Sehr fein hacken. Mit Curry zum Mozzarella geben. Möhren schälen, raspeln und zufügen. Die Füllung mengen und mit einem Espressolöffel in die Rollen füllen. Eine rechteckige Form mit Öl ausstreichen. Nudelrollen hineinlegen. Backofen auf 200° C vorheizen.

2 Möhren waschen, mit einer Gemüsebürste reinigen, eventuell schälen. Fenchel waschen, dünn aufschneiden. Fenchelgrün aufheben. Gemüse in 250 ml Wasser mit Honig, Zitronensaft, Koriander, Salz, Pfeffer weich kochen und mit dem Pürierstab pürieren. Kräuter waschen, trockenschütteln, in feine Streifen schneiden und zugeben. Möhrencreme über die Nudeln gießen. Gericht mit Pinienkernen bestreuen und 30-35 Minuten garen. Mit Fenchelgrün garnieren.

Zutaten
für 4 Personen

für die Füllung:

12 Cannellonirollen
150 g Mozzarella
2 Möhren (ca. 100 g)
etwas Öl für die Form
1 Bund Petersilie, 1 TL Curry

für die Creme:

250 g junge Bundmöhren
1 Fenchelknolle (ca. 150 g)
3 Stiele Estragon
3 Stiele Basilikum
1 EL Pinienkerne
etwas Honig
1 TL Zitronensaft, 1 Prise gemahlener Koriander
Jodsalz, weißer Pfeffer

Zubereitungszeit
1 Stunde

Frische-Check
Fenchel
Mai – Oktober

Getränketip
frischer Rotwein (Beaujolais)

Nährwerte (pro Portion)	
Vitamin A	108 %
Fett	13 g
Ballaststoffe	5 g
Kalorien	250

Fettuccine mit **Gemüse** und Gorgonzolasauce

Zutaten
für 4 Personen

400 g Fettuccine
80 g Gorgonzola
100 g junge Möhren
100 g weißer Spargel
150 g Zucchini
1 TL Weizenkeimöl
1 TL Zitronensaft
1 TL Honig
1 Bund Kerbel, Muskat
weißer Pfeffer (Mühle)
Jodsalz

Zubereitungszeit
15 Minuten

Frische-Check
Spargel
April – Juni

Getränketip
kräftiger Weißwein
(Gewürztraminer)

Nährwerte (pro Portion)	
Vitamin A	60 %
Fett	8 g
Ballaststoffe	2 g
Kalorien	440

1. Fettuccine nach Packungsanweisung in sprudelndem Salzwasser al dente kochen.

2. Möhren und Spargel schälen und in Julienne-Streifen schneiden. Zucchini gründlich waschen, trockentupfen und ebenfalls in dünne Streifen schneiden. 100 ml Wasser mit Zitronensaft, Öl, Honig, einer Prise Salz und Muskat aufkochen. Das Gemüse darin 3 Minuten garen. Mit der Schaumkelle herausheben und beiseite stellen.

3. Gemüsefond etwas einkochen lassen. Gorgonzola zerbröckeln und hinzugeben. Unter Rühren schmelzen lassen. Nudeln abgießen und mit dem Gemüse in die Soße geben. Kerbel waschen, trokkenschütteln und das Nudelgericht damit bestreuen. Mit gemahlenem Pfeffer garnieren.

Tips & Alternativen
Wer das Gericht farblich auflockern will, nimmt grüne Fettuccine und grünen Spargel.

extra-tip
Der italienische Gorgonzola hat – wie alle Edelpilzkäse – einen kräftig-würzigen Geschmack. Wem Blauschimmelkäse allerdings zu intensiv vorschmecken, der kann für dieses Rezept auch einen cremigen Frischkäse verwenden.

extra-tip

Basilikum hat ein würzig-frisches Aroma und paßt zu fast allen Gemüsesorten. Doch es zerfällt leicht und verliert besonders bei längerem Erhitzen sein Aroma und die Würzkraft. Deshalb die frisch gehackten oder gezupften Blättchen roh und immer erst am Garende hinzugeben.

Tips & Alternativen

Im Anhang zeigen wir Ihnen mit Steps, wie Spätzle sicher gelingen.

Tomatenspätzle auf **Kartoffel-Basilikum-Salat**

1 Mehl, Eier 1 TL Salz, 100 ml Wasser und Tomatenmark mit dem Handrührgerät verrühren. Teig 10 Minuten ruhen lassen.

2 Kartoffeln, waschen, abbürsten. In der Schale kochen. Abgießen und pellen. Noch warm in Scheiben schneiden.

3 Endivienblätter und Basilikum waschen, trockentupfen und mit den Kartoffelscheiben auf einer Platte anrichten. Schinken fein würfeln.

4 Salzwasser in einem großen Topf zum Kochen bringen. Spätzleteig in eine Spätzlepresse geben und ins Wasser pressen. Oder den Teig von einem angefeuchteten Küchenbrett mit einem Messer direkt ins Wasser schaben. Oben schwimmende Nudeln herausheben, abtropfen lassen.

5 Öl in einer großen Pfanne erhitzen. Lachsschinken und Spätzle hineingeben, kurz braten. Auf dem Salat anrichten.

6 Schalotte würfeln. Mit Essig und 2 EL Wasser zum Bratfond geben, gut verschlagen. Mit Salz und Pfeffer würzen. Salat damit marinieren.

Zutaten
für 4 Personen

für den Teig:
400 g Weizenmehl
(Type 550), 4 Eier
1 EL Tomatenmark
Jodsalz

für den Salat:
250 g neue Kartoffeln
40 g Lachsschinken
6 Endivienblätter
1 Bund Basilikum
1 Schalotte
3 EL Olivenöl extra vergine
3 EL Sherryessig
weißer Pfeffer

Zubereitungszeit
1 Stunde 15 Minuten

Frische-Check
Neue Kartoffeln
Juni – August

Getränketip
kühles Bier

Nährwerte (pro Portion)	
Selen	161 %
Fett	16 g
Ballaststoffe	5 g
Kalorien	563

Pappardelle mit Artischocken und Tuna

Zutaten
für 4 Personen

400 g Pappardelle (oder 1 Grundrezept Nudelteig)
300 g Thunfischfilet
6 große Artischocken
200 g Kirschtomaten
1 Bund Bärlauch
1 EL Olivenöl
2 EL Traubenkernöl
Saft von 1 Zitrone
2 EL Estragonessig
2 EL Instant-Gemüsebrühe
1 Schalotte, 1 EL Mehl
schwarzer Pfeffer (Mühle)
Salz

Zubereitungszeit
35 Minuten

Frische-Check
Artischocken
November – Mai

Getränketip
leichter Weißwein (Soave)

Nährwerte (pro Portion)	
Panthothensäure	98 %
Fett	19 g
Ballaststoffe	12 g
Kalorien	720

1. Nudelteig zubereiten. Artischockenstiele herausdrehen, Blätter gründlich bis auf den Boden entfernen. Das Heu mit einem spitzen Messer von den Blütenböden trennen. Böden in Streifen schneiden und mit Zitronensaft befeuchten.

2. Olivenöl in einer Pfanne erhitzen, Artischocken darin bei mittlerer Hitze ca. 15 Minuten braten. Schalotte schälen, fein hacken und 5 Minuten mitbraten. Mit Salz und Pfeffer würzen. Frische Nudeln in reichlich Salzwasser weich, getrocknete al dente kochen.

3. Den frischen Thunfisch unter fließendem Wasser säubern, sorgfältig trockentupfen und in feine Streifen schneiden. In Mehl wenden; überschüssiges Mehl dabei abklopfen.

4. Die Artischocken aus der Pfanne nehmen und in der Zwischenzeit warm stellen. Die Fischfilets im Bratfett unter Wenden 2 Minuten braten und abschmecken. Essig, Traubenkernöl, Brühe, Salz und Pfeffer verrühren. Die Kirschtomaten halbieren und zugeben. Den Bärlauch unter fließendem Wasser säubern, trockentupfen, in feine Röllchen schneiden und zugeben.

5. Die Nudeln abgießen und gut abtropfen lassen. Noch heiß mit der Bärlauch-Vinaigrette und den Artischocken mischen, auf Tellern anrichten. Thunfischfilets darüber garnieren.

extra-tip
Der würzig-aromatische Bärlauch hat nur im Frühling Saison. Man kann ihn durch Schnittknoblauch ersetzen, den es in Asia-Läden gibt.

Tips & Alternativen
Wenn's schnell gehen soll: Artischockenböden aus dem Glas oder Dose verwenden, nur kurz im Olivenöl anbraten.

muscheln
Wer frische Muscheln liebt, muß warten können. Denn es gibt sie nur von September bis April. Die Miesmuschel kommt dann von der Atlantikküste zu uns auf den Markt. Muscheln müssen immer gut gekühlt und schnell verarbeitet werden. Dazu gehört: Sorgfältiges Spülen und Bürsten unter fließendem Wasser. Manchmal haben sie einen „Bart", der mit einem scharfen Messer entfernt werden muß. Beim Putzen sollten beschädigte Muscheln gleich aussortiert werden. Geöffnete Exemplare mit dem Messerrücken kurz anklopfen: Wenn sie sich schließen, leben sie noch; wenn nicht, ebenfalls gleich wegwerfen. Neben den Miesmuscheln gibt es – bei uns allerdings eher selten – die hübschen kleinen Herzmuscheln und Venusmuscheln, die aus dem Mittelmeer stammen. Nicht jeder Fischhändler hat sie vorrätig, liefert sie aber auf Bestellung gern.

Pappardelle mit Muschelsauce

Tips & Alternativen

Dazu servieren Sie den Wein, mit dem Sie die Sauce bereitet haben.

1 Muscheln gründlich unter fließend kaltem Wasser abbürsten und waschen, Bart entfernen, geöffnete Muscheln aussortieren und wegwerfen. Möhre gründlich bürsten, vierteln. Zwiebel schälen, halbieren. Die geschlossenen Muscheln in einem großen Topf mit Wein, Möhre und Zwiebel erhitzen, zugedeckt 4-6 Minuten garen, bis sich die Muscheln öffnen. Geschlossene Muscheln wegwerfen, die geöffneten mit einem Schaumlöffel aus dem Sud heben, abkühlen lassen und das Fleisch aus den Schalen lösen.

2 Muschelsud durch ein feines Haarsieb gießen und auffangen. Tomaten kreuzweise einschneiden, mit heißem Wasser überbrühen und häuten, entkernen, in Würfel schneiden. Knoblauch pellen, in feine Scheiben schneiden. Kräuter unter kaltem Wasser abbrausen, trockenschütteln. Petersilie hacken und 1-2 EL zur Garnierung beiseite stellen. Knoblauch mit 1 EL Öl in einem großen Topf erhitzen, glasig dünsten, Kräuter zugeben. Mit dem Muschelsud nach Bedarf ablöschen, Tomatenwürfel zugeben und ca. 10 Minuten leise köcheln lassen.

3 Währenddessen reichlich Salzwasser für die Nudeln erhitzen, Pappardelle ins siedende Wasser geben, nach Packungsangabe al dente garen. Kurz vor Garzeitende Muschelfleisch zur Sauce geben, sanft erhitzen, mit Salz und Pfeffer abschmecken, das restliche Öl unterrühren. Nudeln und Sauce auf Tellern anrichten, gehackte Petersilie darüberstreuen und sofort servieren.

extra-tip

Muschelfleisch gibt es auch fertig gegart in Glas oder Dose; nötig sind ca. 400 g Einwaage. Den Sud für die Sauce verwenden, dazu 125ml trockenen Weißwein angießen.

Zutaten
für 4 Personen

400 g Pappardelle
1 kg frische Miesmuscheln in der Schale
750 g Flaschentomaten
1 Möhre
1 Zwiebel
2 EL Olivenöl extra vergine
250 ml Weißwein
1 Bund glatte Petersilie
1 Zweig Rosmarin
1 Zweig Thymian
2 Knoblauchzehen
weißer Pfeffer (Mühle)
Jodsalz

Zubereitungszeit
45 Minuten

Frische-Check
Tomaten
April – Oktober

Getränketip
kräftiger Weißwein (Muscadet)

Nährwerte (pro Portion)

Vitamin C	87 %
Fett	9 g
Ballaststoffe	8 g
Kalorien	563

Die Scheren an 2 oder 3 Stellen mit einem Messer aufdrücken, um das Fleisch unversehrt herauszulösen.

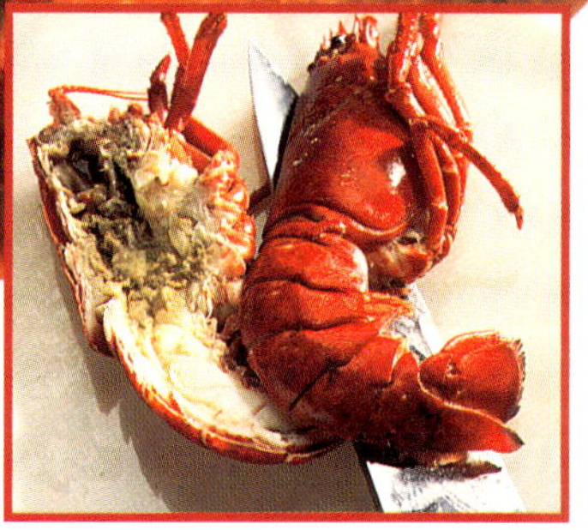

Den Hummerschwanz beginnend am Kopf der Länge nach durchtrennen.

Hier sehen Sie einen fertig zerlegten Hummer.

extra-tip

Wer den Hummer nicht töten mag, kann ihn vom Fischhändler abkochen lassen. Dann muß er nur noch zerteilt werden. Wer ihn frisch kaufen möchte, sollte ihn sicherheitshalber vorbestellen und auf jeden Fall am gleichen Tag verbrauchen.

Tips & Alternativen

Auf S. 124 und im Anhang zeigen wir Ihnen das Füllen der Ravioli.

Hummerravioli auf **grüner Sauce**

1 Nudelteig zubereiten und 20 Minuten quellen lassen. Hummerfleisch grob hacken. Schalotte und Knoblauch schälen, fein hacken. Peperoni ebenfalls fein hacken. Lauch, Möhre und Bleichsellerie fein würfeln. Alle Gemüsezutaten im Öl andünsten, mit Wein ablöschen und noch einige Minuten dünsten. Hummerfleisch hinzugeben und abschmecken. Die Farce abkühlen lassen.

2 Nudelteig in 2 Portionen teilen und in zwei dünne Platten ausrollen. Die Hummermasse teelöffelweise in Abständen von ca. 3 cm auf einer der Teigplatten verteilen, und die Zwischenräume mit einem in kaltes Wasser getauchten Pinsel bestreichen. Nun die zweite Teigplatte darüberlegen. Zwischenräume andrücken. Mit einem Teigrädchen oder einem scharfen Messer Quadrate ausschneiden. Kurz antrocknen lassen.

3 Reichlich Salzwasser in einem großen, weiten Topf aufkochen. Die Ravioli darin portionsweise garen, bis sie an die Oberfläche steigen. Mit einem Schaumlöffel herausheben, warm stellen.

4 Für die Sauce Lauch und Spinat kleinschneiden. Schalotte schälen und hacken. Alles im heißen Öl andünsten, würzen und fein pürieren. Milch zugießen. Ravioli mit der Sauce anrichten.

Zutaten
für 4 Personen

für den Ravioliteig:
- 300 g Weizenmehl (Type 405)
- 2 Eier (Größe S)
- 2 Eigelb
- 1 EL Olivenöl, Jodsalz

für die Füllung:
- 500 g ausgelöstes Hummerfleisch
- 1 Schalotte
- 1 Knoblauchzehe
- 1 kleine Peperoni
- 1 Stange Bleichsellerie
- 1 Möhre
- 1 Bleichsellerie
- 1 EL Olivenöl
- 4 EL trockener Weißwein
- weißer Pfeffer (Mühle)
- Jodsalz

für die Sauce:
- 1 kleine Lauchstange
- 100 g Blattspinat
- 1 Schalotte
- 1 TL Olivenöl
- 100 ml Milch, Muskat
- weißer Pfeffer (Mühle)
- Jodsalz

Zubereitungszeit
1 Stunde

Frische-Check
Bleichsellerie
Juli – November

Getränketip
Champagner

Nährwerte (pro Portion)

Eisen	47 %
Fett	17 g
Ballaststoffe	5 g
Kalorien	560

Zutaten
für 4 Personen

300 g Basilikumnudeln
800 g vollreife Tomaten
1 Petersilienwurzel
2 El Olivenöl extra vergine
3 EL Balsamicoessig
1 EL Ahornsirup, Piment
1 Bund Kerbel, Pfeffer

Zubereitungszeit
15 Minuten

Frische-Check
Tomaten
Juli – September

Getränketip
leichter Rosé (Bardolino)

Nährwerte (pro Portion)	
Vitamin C	87 %
Fett	11 g
Ballaststoffe	3 g
Kalorien	440

Tomatencreme mit Kerbel und Balsamicoessig

extra-tip

Diese Doppelseite ist dem Basilikum gewidmet, das heute aus deutschen Küchen nicht wegzudenken ist. Hier geben wir Ihnen ein Basisrezept für Basilikumnudeln und drei verschiedene Saucen. Sie eignen sich auch für eine große Nudelplatte für Gäste.

1. Die Nudeln wie auf der gegenüberliegenden Seite beschrieben vorbereiten und kochen.
2. Die Tomaten oben einritzen, heiß überbrühen und die Haut abziehen. Pürieren.
3. Petersilienwurzel waschen, schälen und raspeln. Das Öl erhitzen und die Petersilienwurzel darin andünsten. Mit Balsamicoessig und Ahornsirup ablöschen.
4. Die Tomaten zufügen und unterrühren. Die Sauce aufkochen und abschmecken. Kerbel waschen, trockenschütteln. Mit einer Küchenschere kleinschneiden und unter die Creme rühren. Mit den Nudeln mengen und servieren.

Tips & Alternativen

Bei Balsamicoessig lohnt sich die Investition in einen länger gereiften Essig.

Zutaten
für 4 Personen

250 g Lachsfilet
600 g Lauch, 3 EL Öl
100 ml Weißwein
200 ml Gemüsebrühe
1 EL Zitronensaft
2 Zweige Zitronenmelisse
1 TL Edelsüß-Paprika
1 TL Senfpulver
weißer Pfeffer

Zubereitungszeit
30 Minuten

Frische-Check
Lauch
ganzjährig

Getränketip
trockener Weißwein
(Pinot Grigio)

Nährwerte (pro Portion)	
Vitamin C	60 %
Fett	20 g
Ballaststoffe	4 g
Kalorien	586

Lauchcreme mit **Lachswürfeln**

1. Die Basilikumnudeln wie im gegenüberliegenden Rezept angegeben vorbereiten und weich garen. Alternativ Trockennudeln al dente kochen.
2. Das Lachsfilet würfeln und mit Zitronensaft und Pfeffer würzen. Im Öl von allen Seiten braten. Mit einem Schaumlöffel herausnehmen und beiseite stellen.
3. Den Lauch putzen und sorgfältig waschen (um Erdrückstände vollständig zu entfernen). In feine Ringe schneiden. Im Bratfond andünsten. Mit Edelsüß-Paprika und Senfpulver abschmecken. Mit Brühe und Wein aufgießen. Einmal aufkochen lassen und dann pürieren.

3. Die angebratenen Lachswürfel auf der Lauchcreme anrichten. Mit Zitronenmelisse garnieren und mit den Basilikumnudeln servieren.

extra-tip

Dieses Rezept deckt 57 % der empfohlenen Tagesmenge an Folsäure. Folsäure, ein Vitamin, ist wichtig für das Wachstum und die Zellteilung. Folsäuremangel hingegen kann zu Anämie führen.

Tips & Alternativen

Für dieses Gericht eignet sich TK-Lachs prima. Vor dem Kochen im Kühlschrank auftauen lassen.

extra-tip

Pfifferlinge können sehr sandig sein, dann – aber nur dann –, sollten Sie die Pilze kurz waschen, gründlich abtropfen lassen und mit Küchenkrepp trocken tupfen. Sonst saugen sie sich voll Wasser, sie verlieren Biß und Aroma.

Basilikumnudeln mit frischen Pfifferlingen

1 Basilikum kalt abbrausen, trockenschütteln, Blättchen von den Stielen zupfen, die Hälfte der Blätter hacken. Mehl in eine Schüssel geben, 1 TL Salz darüber streuen. Eier und Basilikum verquirlen, mit dem Mehl zum geschmeidigen Teig verkneten. Teig zur Kugel rollen, in Frischhaltefolie gewickelt 1 Stunde im Kühlschrank ruhen lassen.

2 Teig auf bemehlter Fläche dünn ausrollen, in dünne Streifen von ungefähr 1,5 Zentimeter Breite schneiden und antrocknen lassen.

3 Pfifferlinge gründlich putzen und mit Küchenkrepp oder einem kleinen Pinsel von Sand und Erde befreien. Schalotten pellen und hacken, die Hälfte mit dem Öl erhitzen, Pilze zugeben und 3 Minuten braten. Mit Salz, Pfeffer und Zitronensaft würzen, Pilze herausnehmen.

4 Im Bratfett restliche Schalotten anschwitzen, Fond und Wein angießen, bei starker Hitze um ein Drittel reduzieren. Schmand einrühren, abschmecken, Pilze zugeben und noch einmal kurz erhitzen. Pasta in reichlich kochendem Salzwasser portionsweise garen (schwimmen die Nudeln an der Oberfläche, so sind sie gar). Die Pasta abgießen und abtropfen lassen. Mit der Sauce auf 4 Teller verteilen. Mit Basilikum garnieren und gleich servieren.

Tips & Alternativen

Wenn es schnell gehen soll, passen natürlich auch grüne Tagliatelle oder andere Nudeln aus Hartweizengrieß zu den aromatischen Pilzen.

Zutaten

für 4 Personen

für den Teig:

300 g Weizenmehl (Type 405)
3 Eier
1 großes Bund Basilikum
Jodsalz

für die Sauce:

500 g Pfifferlinge
2 Schalotten
1 EL Olivenöl extra vergine
2 EL trockener Weißwein
150 ml Pilzfond
2 EL Schmand
2 EL Zitronensaft
schwarzer Pfeffer (Mühle)

Zubereitungszeit

2 Stunden (inkl. Ruhezeit)

Frische-Check

Pfifferlinge
Juni – September

Getränketip

kräftiger Rotwein (Shiraz)

Nährwerte (pro Portion)	
Vitamin D	73 %
Fett	11 g
Ballaststoffe	9 g
Kalorien	435

Glasnudelsalat mit Limettenvinaigrette

Zutaten
für 4 Personen

100 g Glasnudeln
250 g grüner Spargel
250 g weißer Spargel
1 Bund Radieschen
100 g Radieschensprossen
2 EL Sesamöl
2 EL Sojasauce
1 TL Honig
1 Limette
2 Knoblauchzehen
ca. 2 cm frischer Ingwer
2 Chillies
Jodsalz

Zubereitungszeit
30 Minuten

Frische-Check
Radieschen
Mai – Juli

Getränketip
Mineralwasser

Nährwerte (pro Portion)	
Vitamin C	59 %
Fett	7 g
Ballaststoffe	4 g
Kalorien	202

1. Weißen Spargel großzügig schälen, vom grünen Spargel die holzigen Enden abbrechen, alle Stangen schräg in kleine Stücke schneiden und in wenig Salzwasser zugedeckt ca. 5 Minuten dünsten und abgießen.

2. Glasnudeln nach Packungsanweisung mit kochendem Wasser überbrühen und quellen lassen. Sprossen kalt abbrausen, trockenschütteln. Radieschen waschen, Stielansatz entfernen, Radieschen in feine Scheiben schneiden. Chili längs aufritzen, Kerne und Stiel entfernen, Schote in feine Ringe schneiden.

3. Limette auspressen, Saft mit Honig, Sojasauce, Wasser und Salz kräftig verrühren, Öl mit einer Gabel unterschlagen. Knoblauch und Ingwer schälen, dazupressen und verrühren. Dressing über die vorbereiteten Zutaten geben, vermengen, Nudelsalat auf 4 Teller verteilen.

Tips & Alternativen
Läßt sich gut vorbereiten; Radieschensprossen allerdings erst kurz vor dem Servieren zum Salat geben. Kühl stellen!

extra-tip
Glasnudeln lassen sich vor dem Einweichen sehr gut zerkleinern, indem man sie zerbricht oder mit einer Schere durchtrennt. Das erleichtert ein Vermengen und es gabelt sich besser!

Thunfisch Provençal im Gemüse-Nudel-Bett

1 Nudeln in reichlich sprudelndem Salzwasser nach Packungsangabe al dente kochen. Den Backofen auf 200° C vorheizen.

2 Den Fisch kalt abspülen, mit Zitronensaft beträufeln, salzen und pfeffern. Zwiebeln schälen und vierteln, Fenchel putzen, kalt abwaschen und in mundgerechte Stücke schneiden. Öl im beschichteten Topf erhitzen, Gemüse zugeben, mit Brühe ablöschen. Bei geschlossenem Deckel etwa 5 Minuten dünsten, salzen und kräftig pfeffern.

3 Nudeln abgießen, gut abtropfen lassen, in eine gefettete, ofenfeste Form legen. Den Thunfisch vierteln und auf die Nudeln betten. Mit Pernod beträufeln und mit Kräutern bestreuen.

4 Oliven bei Bedarf entsteinen und vierteln. Tomaten kreuzweise einritzen, mit heißem Wasser überbrühen, häuten und halbieren. Stielansätze und Kerne entfernen, Fruchtfleisch in Spalten schneiden. Mit dem vorbereiteten Gemüse und den Oliven mengen. Den Fisch mit dem Gemüse bestreichen und auf die Nudeln legen. Das Gratin im Backofen etwa 45 Minuten garen.

5 Thymian kalt abbrausen, trockenschütteln, Blättchen vom Stiel zupfen, damit den Fisch garnieren und gleich servieren.

Tips & Alternativen

Ideal für Gäste: Während Sie den Aperitif nehmen, brutzelt das Gratin im Ofen.

extra-tip

Hinter der Kräutermischung aus der Provence stecken besonders aromatische Sorten wie Rosmarin, Lavendel, Thymian, Majoran, Estragon, Wacholder, Lorbeer und Fenchel. Sie können auch einige Blättchen und Nadeln der frischen Kräuter verwenden und im Gemüse mitdünsten.

Zutaten

für 4 Personen

400 g Penne
300 g Thunfischfilet
3 Zwiebeln, 2 Fenchelknollen, 500 g vollreife Fleischtomaten
1 TL Olivenöl extra vergine
2 EL Zitronensaft
2 EL Gemüsebrühe
3 EL Pernod oder trockener Wermut
je 5 grüne und schwarze Oliven
1 TL getrocknete Kräuter der Provence
1 Stiel Thymian
schwarzer Pfeffer (Mühle)
Jodsalz

Zubereitungszeit

1 Stunde 5 Minuten

Frische-Check

Fenchel
Oktober – Mai

Getränketip

trockener, fruchtiger Rosé

Nährwerte (pro Portion)	
Vitamin B12	108 %
Fett	13 g
Ballaststoffe	9 g
Kalorien	501

Tagliolini-Möhrensalat mit Orangendressing

Zutaten
für 4 Personen

- 300 g Tagliolini
- 500 g Möhren
- 1 kleiner Zucchino
- 2 EL Kürbiskernöl
- 100 ml frisch gepreßter Orangensaft
- 1 EL Ahornsirup
- 1 TL gemahlener Koriander
- 2 Gewürznelken
- 2 EL Kürbiskerne
- 3 Zweige Minze
- weißer Pfeffer, Jodsalz

Zubereitungszeit
30 Minuten

Frische-Check
Frühmöhren
Mai – Juli

Getränketip
Weißwein (Grüner Veltliner)

Nährwerte (pro Portion)

Folsäure	35 %
Fett	8 g
Ballaststoffe	6 g
Kalorien	310

1. Möhren und Zucchino putzen, waschen und der Länge nach in Streifen schneiden; das geht am besten mit einem Sparschäler. Mit Orangensaft, Gewürzen und Ahornsirup 3 Minuten dünsten. Gemüse aus dem Sud heben, in eine Salatschüssel füllen. Mit Pfeffer und Minzeblättchen bestreuen. Sud mit Kürbiskernöl verschlagen und zugeben.

2. Nudeln in sprudelndem Salzwasser nach Packungsanweisung al dente kochen. Abgießen und zu den Möhren geben. Mit Kürbiskernen bestreut noch lauwarm servieren.

Tips & Alternativen

Kürbiskernöl ist ein hochwertiges Würzöl, das nicht zum Kochen verwendet werden sollte. Sein nussiges Aroma paßt sehr gut zu Möhren.

extra-tip

Bundmöhren bleiben im Gemüsefach des Kühlschranks bis zu fünf Tagen frisch, wenn Sie das Grün vorher entfernen. Alle Möhrensorten enthalten viel Karotin, eine Vitamin-A-Vorstufe. Karotin ist fettlöslich: Nur mit etwas Fettzugabe kann unser Organismus diesen Stoff verwerten. Deswegen Möhren immer mit einer Spur Fett zubereiten.

Safran-Fettuccine mit **Austernpilzen**

Zutaten
für 4 Personen

- 400 g Fettuccine
- 250 g Austernpilze
- 1 Bund Lauchzwiebeln
- 2 Liter Steinpilz-Hefebrühe
- 5 EL Olivenöl extra vergine
- 1 Döschen Safran
- 2 Knoblauchzehen
- 2 Bund Petersilie

Zubereitungszeit
20 Minuten

Frische-Check
Austernpilze
ganzjährig

Getränketip
fruchtiger Rotwein (Rioja)

Nährwerte (pro Portion)

Folsäure	54 %
Fett	13 g
Ballaststoffe	11 g
Kalorien	474

extra-tip

Für dieses schnelle Gericht eine Vorspeise, die auch in 15 Minuten auf dem Tisch steht: Schälen Sie 2 frische Mangos und schneiden Sie das Fruchtfleisch in Scheiben vom Stein. Legen Sie eine ovale Platte mit frischen Basilikumblättern aus. Darauf lassen sich die Mangospalten mit etwas Parmaschinken in dünnen Scheiben schön anrichten. Mit schwarzen Oliven garnieren, pfeffern, fertig!

1. Fettuccine in Brühe mit Safran nach Packungsanweisung al dente kochen.

2. Pilze und Lauchzwiebeln putzen, in Streifen schneiden. Knoblauch pellen, hacken. Beides im heißen Öl knusprig braun braten. Nudeln abgießen und gleich unter das Gemüse heben. Mit 3 El Brühe auffüllen. Petersilie waschen, hacken und das Gericht damit bestreuen.

Tips & Alternativen

Steinpilz-Hefebrühe gibt es in Reformhäusern und Bioläden.

Schwarze Tagliatelle mit **geräuchertem Lachs**

1 Nudeln in sprudelndem Salzwasser nach Packungsanweisung al dente kochen. Eier 5 Minuten kochen. Die Eier pellen, das Eiweiß für ein anderes Gericht verwenden.

2 Eigelbe mit Essig, Honig und Senf in eine Rührschüssel geben. Mit dem Mixer aufschlagen. Orangensaft und Öl einarbeiten. Mit Salz und zerstoßenem Pfeffer und Koriander abschmecken. Lachs in Streifen schneiden. Dill waschen und grob zerkleinern. Beides zum Dressing geben.

3 Nudeln abgießen, unter das Dressing heben und gleich servieren.

Tips & Alternativen

Achten Sie beim Räucherlachs darauf, daß er nicht zu fett ist.

extra-tip

Schwarze Nudeln sind mit Tintenfischextrakt gefärbt. Es gibt sie in Feinkostgeschäften und sie sind nicht ganz billig. 500 Gramm kosten um die 8 Mark. Mixen Sie sie mit den preiswerten weißen Tagliatelle! Das sieht toll aus - gerade mit Lachs.

Zutaten
für 4 Personen

400 g schwarze Tagliatelle
150 g Räucherlachs
2 Eier
5 EL Olivenöl extra vergine
3 El Sherryessig
Saft einer Orange
2 EL Honig
2 EL Dijonsenf
1 Bund Dill
Korianderkörner
weißer Pfeffer
Jodsalz

Zubereitungszeit
30 Minuten

Frische-Check
Dill
ganzjährig

Getränketip
fruchtiger Weißwein (Riesling)

Nährwerte (pro Portion)

Selen	64 %
Fett	15 g
Ballaststoffe	6 g
Kalorien	603

Süßes *versprechen*

Nudeln als Nachspeise? Lasagne und Farfalle ohne Tomatensauce? Zugegeben, dieser Gedanke mag gewöhnungsbedürftig sein. Aber wir versprechen Ihnen Raffinesse ohne viel Fett und Kalorien. Wir versprechen Süßes, das seinem Namen alle Ehre macht. Und wir versprechen, daß Sie diese Gerichte nicht nur einmal auf den Tisch bringen werden. Aber für den Fall, daß Sie sich mit der süßen Nudel noch nicht recht anfreunden wollen, haben wir auch ein Topfenknödel- und zwei Nockerlnrezepte untergemogelt.

Zutaten
für 4 Personen

200 g Farfalle
400 g Himbeeren (frisch oder TK)
2 frische Feigen
250 g Magerquark
3 Eier, 4 EL Honig
1 TL Öl für die Form
Saft von 1 Zitrone
1 Zimtstange
1 Vanilleschote
1 EL gehackte Mandeln
1 Prise Kardamom
3 Blättchen Zitronenmelisse

Zubereitungszeit
1 Stunde

Frische-Check
Himbeeren
Juni – August

Getränketip
Spätburgunder oder anderer süßer Wein

Nährwerte (pro Portion)	
Eisen	32 %
Fett	7 g
Ballaststoffe	10 g
Kalorien	398

Gebackene **Quarkschleifchen** auf Himbeerpüree

1 Nudeln in sprudelndem Wasser mit Zitronensaft und Zimt etwas härter als al dente kochen. Backofen auf 200° C vorheizen.

2 Eine Auflaufform mit Öl ausstreichen. Vanilleschote aufschneiden, Mark herausschaben.

3 Eier trennen. Eiweiß mit den Rührstäben des Handrührgerätes sehr steif schlagen. Eigelb, 2 EL Honig und Vanille schaumig schlagen. Quark löffelweise unterrühren. Eiweiß mit einem Schneebesen vorsichtig unterziehen.

4 Nudeln abgießen und in die Auflaufform füllen. Quarkmasse zugeben, vorsichtig umrühren. Mit Mandeln bestreuen. Im Backofen 15 Minuten backen, dabei eventuell mit Alufolie abdecken. Bei 100° C 10 Minuten weiter garen.

5 In der Zwischenzeit die Himbeeren verlesen und mit dem Pürierstab pürieren. Den restlichen Honig und Kardamom unterziehen. Die Zitronenmelisse waschen, trockentupfen und in dünne Streifen schneiden. Die Feigen schälen und in dünne Scheiben schneiden.

6 Die Quarknudeln aus dem Backofen nehmen. 1 Minute ruhen lassen. Himbeerpüree mit Zitronenmelisse bestreuen, Feigen darauf anrichten und zu den Nudeln servieren.

Tips & Alternativen

Wer möchte, kann das Himbeerpüree mit einer Spur Himbeergeist verfeinern.

extra-tip

Pasta muß nicht vollständig abgetropft weiterverarbeitet werden, denn Feuchtigkeitsrückstände nehmen die Sauce besser auf.

Erdbeerlasagne mit **Baiser**

1 Backofen auf 200° C vorheizen. Erdbeeren waschen, abtropfen lassen und putzen. Zwei Drittel der Früchte mit 3 EL Akazienhonig pürieren, Rest halbieren. Vanilleschoten aufschneiden. Mark herausschaben, Zitronenmelisseblättchen waschen, trockentupfen und in Streifen schneiden. Beides unter das Erdbeerpüree rühren. Eine rechteckige Form mit Öl ausstreichen. Püree und Lasagneplatten abwechselnd einfüllen. Als Abschluß die halbierten Früchte verteilen.

2 Lasagne im Backofen 20 Minuten garen. Die Temperatur auf 100° C zurückschalten. Eiweiß sehr steif schlagen, dabei den restlichen Honig einfließen lassen. Baisermasse auf die Lasagne geben und mit den Mandelblättchen bestreuen. 10-15 Minuten weitergaren. Die Baisermasse darf ganz leicht bräunen, aber nicht dunkel werden.

Tips & Alternativen

In der Erdbeersaison schmeckt dieses Gericht am besten.

extra-tip

Die übrigen Eigelbe halten sich in einem gut schließenden Töpfchen 2-3 Tage im Kühlschrank und können dann als Omelette verarbeitet werden.

Zutaten
für 4 Personen

- 6 Lasagneplatten
- 900 g vollreife Erdbeeren
- 3 Eiweiß
- 2 EL gehobelte Mandeln
- 4 EL Akazienhonig
- 2 Vanilleschoten
- 1 Zweig Zitronenmelisse
- 1 TL Öl für die Form

Zubereitungszeit
45 Minuten

Frische-Check
Erdbeeren
Mai – August

Getränketip
Cappuccino

Nährwerte (pro Portion)

Vitamin C	123 %
Fett	3g
Ballaststoffe	6 g
Kalorien	277

Apfelnockerln in Kiwicreme

Zutaten
für 4 Personen

für den Teig:

140 g Weizenmehl Type 550
200 g Magerquark
2 Eier, 1 Apfel (z.B. Boskoop)
1 Messerspitze Zimt
Jodsalz

für die Füllung:

4 Kiwi, 2 EL Honig
2 EL Mandelblättchen
1 Prise Kardamom

Zubereitungszeit
40 Minuten

Frische-Check
Boskoop
September – April

Getränketip
gekühlter Cidre

Nährwerte (pro Portion)

Vitamin C	52 %
Fett	5 g
Ballaststoffe	6 g
Kalorien	290

1 Wasser in einem großen Topf aufkochen. Eier trennen. Eiweiß steif schlagen. Apfel schälen und raspeln. Eigelb, Quark, Mehl, Salz und Zimt mit dem Mixer verrühren und die Apfelraspel und Eischnee unterziehen. Mandeln anrösten.

2 Mit zwei Teelöffeln kleine Nockerln in das kochende Wasser setzen. 5 Minuten ziehen lassen, dann mit der Schaumkelle herausheben. In eine vorgewärmte Schüssel geben.

3 Kiwifrüchte schälen, pürieren. Dabei Kardamom und Honig einrühren. Zu den Nockerln geben. Mandeln darüberstreuen.

extra-tip

Wenn Sie Eigelb und steifgeschlagenes Eiweiß für ein Gericht benötigen, beginnen Sie am besten mit dem Eiweiß. Eigelb enthält Fett, das das Steifwerden des Eischnees verhindern würde. So können Sie die Mixstäbe weiterbenutzen, ohne sie zwischendurch extra abzuwaschen.

Tips & Alternativen

Im Anfang zeigen wir Ihnen mit Steps und Tips, wie Ihre Nockerln sicher gelingen.

extra-tip

Wenn Holunderbeeren keine Saison haben, können Sie sich mit Holunderbeersaft aus dem Reformhaus behelfen: einfach mit einem Viertel Liter Wasser verdünnen.

Tips & Alternativen

Neben dem Boskoop ist auch der Berlepsch-Apfel besonders vitaminreich.

Quarknockerln und Calvadosäpfel in Holundersauce

1 Äpfel schälen. In Spalten schneiden. Mit Calvados und einem Eßlöffel Honig beträufeln.

2 Holunderbeeren waschen. Mit Stielen in einem halben Liter Wasser 10 Minuten kochen. Durch ein feines Sieb gießen, dabei Beeren gut ausdrücken. Saft mit Zimt, Nelken und den marinierten Apfelspalten 5 Minuten kochen. Speisestärke mit 1 EL Wasser verrühren, Sauce damit leicht binden. 3 EL Honig und Apfelkraut an die Sauce geben und gut verrühren.

3 Für die Nockerln einen großen Topf mit Wasser zum Kochen bringen. Eier trennen. Eiweiß mit den Rührstäben des Handrührgerätes sehr steif schlagen. Eigelb, Quark, Mehl, restlichen Honig und eine Prise Salz zu einem glatten Teig verrühren. Eiweiß sofort mit einem Schneebesen unterheben. Mit zwei Eßlöffeln kleine Häufchen abstechen und ins Wasser gleiten lassen. Wenn die Nockerln nach 3-4 Minuten oben schwimmen, sind sie gar. Dann mit einer Schaumkelle herausheben, abtropfen lassen, und mit lauwarmer Holundersauce servieren.

Zutaten
für 4 Personen

für den Teig:

80 g Weizenmehl Type 550
400 g Magerquark
2 Eier
3 EL Honig
Jodsalz

für die Sauce:

3 große Äpfel (z.B. Boskoop)
400 g Holunderbeeren
1 EL Speisestärke
3 EL Honig
1 Zitrone
1 Zimtstange
2 Gewürznelken
2 EL Apfelkraut
2 EL Calvados

Zubereitungszeit
1 Stunde

Frische-Check
Holunderbeeren
September – November

Getränketip
Cidre

Nährwerte (pro Portion)

Vitamin C	45 %
Fett	4 g
Ballaststoffe	7 g
Kalorien	341

Zutaten
für 4 Personen

für den Teig:

250 g Magerquark
120 g Semmelbrösel
50 g Pflanzenmargarine
2 Eier, 1 Eigelb
1 Vanilleschote (Mark)
1 EL Waldhonig, 1 Prise Salz

für das Kompott:

2 große säuerliche Äpfel
1 EL Weißwein
Saft von 1/2 Zitrone
3 EL Waldhonig
1 Zimtstange, Zimtpulver
einige Basilikumblätter
zur Garnierung

Zubereitungszeit
35 Minuten

Frische-Check
Basilikum
Juni – Oktober

Getränketip
Portwein

Nährwerte (pro Portion)	
Vitamin D	26 %
Fett	15 g
Ballaststoffe	3 g
Kalorien	415

Tips & Alternativen

Restliche Vanilleschoten zum Aromatisieren von Haushaltszucker verwenden.

Topfenknödel mit **Apfel-Basilikum-Kompott**

1 Äpfel schälen, in Spalten schneiden und mit der Zimstange, Zitronensaft, Wein und 1 TL Honig in einem kleiner Topf bei schwacher Hitze 2 Minuten dünsten, dann abkühlen lassen.

2 Quark gut abtropfen lassen, mit den Semmelbröseln verrühren und ca. 10 Minuten quellen lassen. Margarine mit den Schneebesen des Handrührgerätes schaumig rühren. Nach und nach Eier und Eigelb unterrühren. Quark, Vanillemark, Salz und 1 EL Honig unterrühren.

3 In einem tiefen breiten Topf leicht gesalzenes Wasser erhitzen. Aus dem Quarkteig kleine Klößchen formen, im siedenden Wasser 5 Minuten ziehen lassen, mit dem Schaumlöffel herausheben und mit dem restlichen Honig und etwas Zimt auf Tellern anrichten. Apfelkompott darum verteilen. Basilikum in feine Streifen schneiden und darüberstreuen.

extra-tip

Diese ungewöhnliche Geschmackskombination aus Äpfeln und würzig-aromatischem Basilikum schmeckt äußerst lecker. Am besten mit einem der deutschen Apfel-Klassiker, dem säuerlich-aromatischen Boskoop.

Darjeelingnudeln mit **Pfirsichcreme**

1 500 ml Wasser aufkochen. Den Darjeelingtee damit überbrühen und 3 Minuten ziehen lassen. Tee durch ein Sieb abgießen.

2 Kardamom, Nelken und Piment im Mörser zerstoßen. Gewürze mit Tee und einem Eßlöffel Honig in einen Topf geben, aufkochen. Nudeln darin nach Packungsanweisung kochen.

3 Pfirsiche oben einritzen. Kurz in kochendes Wasser legen. Herausnehmen und die Haut abziehen. Früchte halbieren, den Kern entfernen und das Fruchtfleisch pürieren. Den restlichen Honig dabei hinzufügen.

4 Nudeln abgießen und unter die Pfirsichcreme heben.

5 Zitronenmelisse waschen, trockentupfen und in Streifen schneiden. Granatapfel halbieren. Die rosa Kerne mit einem Teelöffel herauslösen und die Speise mit beidem bestreuen.

Tips & Alternativen

Wer keinen Mörser hat, kann die Gewürze auch in der Moulinette zerkleinern.

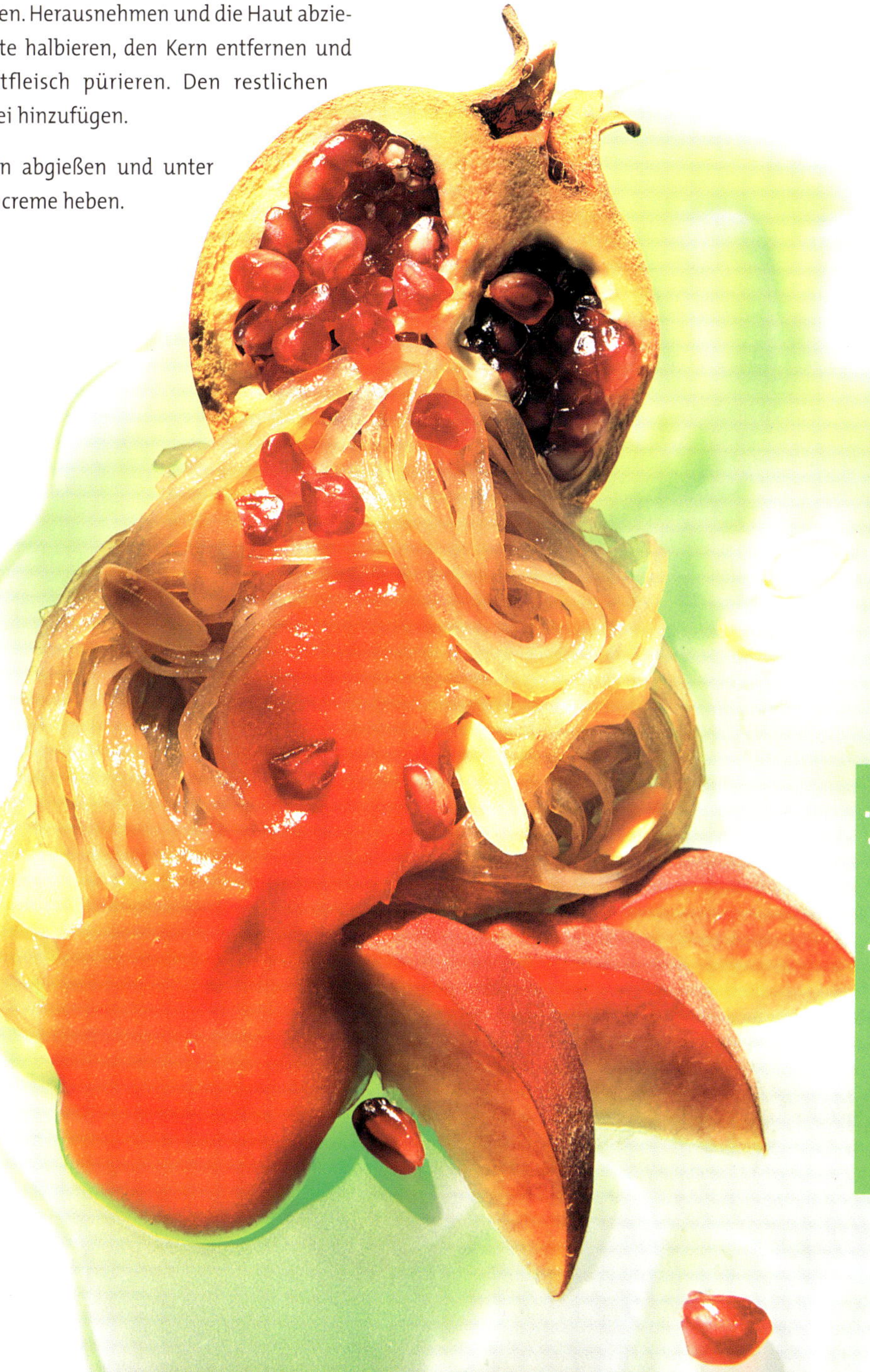

Zutaten
für 4 Personen

80 g schmale Reisbandnudeln
3 vollreife Pfirsiche
1 Granatapfel
5 TL Darjeeling-Tee
4 Kardamomkapseln
2 Gewürznelken
1 Pimentkorn
3 EL Honig
3 Blättchen Zitronenmelisse

Zubereitungszeit
50 Minuten

Frische-Check
Pfirsiche
Juni – September

Getränketip
Darjeeling-Tee

Nährwerte (pro Portion)

Vitamin C	31 %
Fett	0 g
Ballaststoffe	2 g
Kalorien	212

extra-tip

Darjeeling-Tee gilt als der feinste unter den Teesorten. Idealerweise wird diese duftige Sorte mit weichem Wasser aufgegossen. Die kurze Zieh-Dauer des Tees verleiht dem Dessert neben Geschmack noch einen anregenden Kick.

extra-tip

Die nicht nur äußerst gesunden, sondern auch sehr leckeren Buchweizenravioli lassen sich mit einer Kugel Vanilleeis und einigen Tröpfchen Aprikosenlikör noch verfeinern.

Zutaten
für 4 Personen

für den Teig:

100 g Buchweizenmehl
40 g Weizenmehl (Type 550)
2 Eier
1 EL Kürbiskernöl
1 TL Jodsalz

für die Füllung:

150 g vollreife Aprikosen
80 g Buttermilchquark (oder Magermilchquark)
1 TL Honig, 1 TL Zitronensaft

für die Creme:

500 g vollreife Aprikosen
2 EL Aprikosenlikör
1 EL Honig
1 Prise Kardamom
2 EL gehobelte Mandeln

Zubereitungszeit
2 Stunden (inkl. Ruhezeit)

Frische-Check
Aprikosen
Mai-September

Getränketip
Dessertwein (Sauternes)

Nährwerte (pro Portion)	
Vitamin A	51 %
Fett	7 g
Ballaststoffe	4 g
Kalorien	323

Buchweizenravioli mit **Aprikosencreme**

1. Buchweizen- und Weizenmehl mit Salz, Eiern, Öl und 2-3 EL warmem Wasser zu einem geschmeidigen Teig verkneten. Er sollte glatt und glänzend aussehen. Teig auf einen Teller legen. Mit Klarsichtfolie bedecken und im Kühlschrank eine Stunde ruhen lassen.

2. Für die Füllung Honig mit Zitronensaft und Quark verrühren. Aprikosen waschen, abtrocknen, entsteinen und fein würfeln. Das Fruchtfleisch zum Quark geben.

3. Für die Creme Aprikosen waschen, abtrocknen, halbieren und entsteinen. Mit 50 ml Wasser und Aprikosenlikör aufkochen, dann mit dem Pürierstab fein pürieren. Dabei Honig und Kardamom hinzufügen. Gehobelte Mandeln in einer Pfanne anrösten.

4. Für die Ravioli den Teig auf einem bemehlten Küchentuch dünn ausrollen. Teig mit dem Teigrädchen in der Mitte einmal durchrädeln. Auf der einen Hälfte mit 2 Teelöffeln kleine Häufchen der Füllung verteilen. Dazwischen immer 3-4 cm Abstand lassen. Die andere Teigplatte darüberlegen. Rund um die Füllung mit den Fingern den Teig gut festdrücken, dann rundum ausrädeln, so daß kleine Quadrate entstehen.

5. In einem großen Topf Salzwasser zum Kochen bringen. Ravioli darin 10-12 Minuten garen lassen. Herausheben und in eine vorgewärmte Schüssel geben. Mit Aprikosencreme und gehobelten, gerösteten Mandeln servieren.

Süße Kokosvermicelli auf **Mangospalten**

extra-tip

Mangos schmecken am besten gut gekühlt. Doch Vorsicht ist geboten: Sie vertragen sich nicht mit Alkohol!

1. Mangos schälen. Früchte in Spalten vom Kern schneiden und auf einer Platte anrichten.
2. Milch mit Rosinen, Zimt, Safran und einem EL Honig zum Kochen bringen. Nudeln einrühren und ziehen lassen, bis sie die Flüssigkeit vollständig aufgenommen haben.
3. Limette auspressen. Limettensaft, Joghurt und restlichen Honig verrühren. Nudeln mit zwei Gabeln vorsichtig unterziehen. Auf den Mangospalten anrichten. 1 Stunde kühl stellen.
4. Kokosraspel in einer trockenen Pfanne bräunen. Nudeln mit Kokos und Pistazien bestreuen.

Zutaten
für 4 Personen

- 80 g Vermicelli
- 2 reife Mangos
- 1 Limette
- 200 g Vollmilch-Joghurt
- 350 ml fettarme Milch
- 2 EL Rosinen
- 2 EL Honig
- 1 TL Zimt
- 1 Döschen Safran
- 1 EL Kokosraspel
- 1 TL gehackte Pistazien

Zubereitungszeit
1 Stunde 15 Minuten
(inkl. Kühlzeit)

Frische-Check
Mangos
ganzjährig

Getränketip
Kaffee

Nährwerte (pro Portion)	
Vitamin C	68 %
Fett	6 g
Ballaststoffe	4 g
Kalorien	281

Tips & Alternativen

Safran ist zwar das teuerste Gewürz der Welt. Aber es genügen schon einige Fäden, um einem Gericht Pfiff und Farbe zu geben.

Glasnudeln mit Erdbeeren und **Holunderblüten**

Zutaten
für 4 Personen

100 g Glasnudeln
600 g Erdbeeren
2 Dolden Holunderblüten
1 Zitrone
3 EL Akazienhonig
1 EL Marsala (italienischer Likörwein)
1 Prise getrockneter Koriander

Zubereitungszeit
15 Minuten

Frische-Check
Holunderblüten
Mai – Juli

Getränketip
Marsala

Nährwerte (pro Portion)	
Vitamin C	127 %
Fett	0 g
Ballaststoffe	3 g
Kalorien	160

1. Holunderblüten mit kaltem Wasser abbrausen. Auf Küchenkrepp gut abtropfen lassen.
2. Zitrone auspressen. Saft mit 2 Eßlöffeln Honig und Marsala verrühren. Holunderblüten fein zupfen und 10 Minuten marinieren. Dann mit einem Schaumlöffel aus der Marinade heben.
3. Währenddessen Erdbeeren waschen, abtropfen lassen und putzen. Die Hälfte der Beeren mit der Marinade in einen Rührtopf geben und mit dem Pürierstab pürieren.
4. Glasnudeln mit der Küchenschere zerschneiden. Mit kochendem Wasser übergießen. 5 Minuten einweichen. Abgießen und unter das Erdbeerpüree heben. In einer flachen Schüssel mit Holunderblüten und den restlichen Erdbeeren anrichten. Mit dem Rest Honig beträufeln und mit etwas Koriander würzen.

extra-tip

Holunderblüten gibt es von Mai bis Ende Juni wildwachsend an Wegrändern und Gehölzen. Sie geben ein frisches, feinwürziges, unverkennbares Aroma ab. Wer sie nicht bekommt, kann sie durch 3 Zweige Zitronenmelisse – zum Anrichten auch blühend – ersetzen.

Bunter Herbstsalat mit Nudelhörnchen

Zutaten
für 4 Personen

200 g Nudelhörnchen
200 g Pflaumen oder Zwetschgen
500 g helle Weintrauben
2 EL Walnußöl
2 EL Honig, 3 EL Zitronensaft, 50 g Walnußkerne
1 Prise Zimt, Jodsalz

Zubereitungszeit
40 Minuten

Frische-Check
Pflaumen
Juli – Oktober

Getränketip
Mineralwasser

Nährwerte (pro Portion)	
Vitamin C	40 %
Fett	10 g
Ballaststoffe	5 g
Kalorien	391

extra-tip

Walnußöl ist ein geschmacksintensives Würzöl mit einem hohen Anteil an fettlöslichen Vitaminen – und einem unverkennbaren, intensiven Aroma.

1. Pflaumen waschen, halbieren und entsteinen. Mit Honig und Zitronensaft 5 Minuten dünsten. Mit Zimt würzen.
2. Nudeln in sprudelndem Salzwasser nach Packungsanweisung al dente kochen.
3. Weintrauben gründlich waschen, trockentupfen, halbieren und entkernen.
4. Pflaumen aus dem Sud heben, Nudeln abgießen. Mit Weintrauben in eine Schüssel geben. 3 EL Pflaumensud mit Walnußöl verschlagen, zufügen. Mit Nüssen bestreuen.

Tips & Alternativen

Dieser fruchtige Salat läßt sich auch prima als kleine Mittagsmahlzeit ins Büro mitnehmen.

Walnußnockerln auf **Orangen-Feldsalat**

1 Nüsse, Mehl, Eier, 1 TL Salz und Ahornsirup mit den Rührstäben des Handrührgerätes zu einem dicken Teig verarbeiten. 10 Minuten quellen lassen. In einem großen Topf Salzwasser zum Kochen aufsetzen.

2 Salat verlesen, waschen und gut abtropfen lassen. Orangen schälen und filetieren, dabei den Saft auffangen. Salat und Orangenfilets auf einer großen Platte anrichten. Orangensaft, Balsamessig, Ahornsirup, Pfeffer, Anis und Öl verrühren. Die Hälfte der Marinade auf dem Salat verteilen.

3 Zwei Teelöffel ins Kochwasser tauchen. Mit einem Löffel aus dem Teig kleine Portionen abstechen, mit dem anderen glattstreichen. Nockerln ins Wasser gleiten lassen. 5 Minuten ziehen lassen, dabei darf das Wasser nicht sprudeln. Nockerln herausheben, abtropfen lassen und auf dem Salat anrichten. Mit dem Rest der Marinade beträufeln. Mit gehackten Walnüssen bestreuen.

Tips & Alternativen

Vitamine pur: Schutzvitamine C aus der Orange und E aus den Nüssen und dem Nußöl, B-Vitamine aus dem Vollkorn. Sie halten gesund und fit.

extra-tip

Die Nockerln sollten gut abgetropft sein. Dazu am besten einen Frühstücksteller mit dem Boden nach oben in eine große Schüssel legen, und die Nockerln aufschichten. So kann das restliche Kochwasser ablaufen.

Zutaten
für 4 Personen

für den Teig:

50 g Weizenvollkornmehl
80 g gemahlene Walnüsse
2 Eier
1 EL Ahornsirup
1 TL Jodsalz

für den Salat:

100 g Feldsalat
2 Orangen
1 EL gehackte Walnüsse
1 EL Walnußöl
2 EL Balsamicoessig
1 EL Ahornsirup
eine Prise Anis
weißer Pfeffer

Zubereitungszeit
1 Stunde

Frische-Check
Orangen
ganzjährig

Getränketip
süßer Madeira

Nährwerte (pro Portion)

Vitamin E	49 %
Fett	19 g
Ballaststoffe	3 g
Kalorien	303

Fresh **Noodles**

In Farbe oder En Nature

Pasta natürlich färben — so geht's

Bunte Nudeln machen viel her und wecken die Lust am Experimentieren. Ihre Herstellung ist nicht übermäßig kompliziert - vorausgesetzt, Sie behalten den Flüssigkeitsgehalt Ihrer „Färbezutaten" im Auge. Mit anderen Worten: Ein ganz normaler Nudelteig ließe sich zwar mit gehacktem Spinat, Rote-Bete-Saft oder Sepiatinte einfärben, doch das Resultat wären keine saftig-weichen Nudeln, die man fast schon ohne Sauce essen könnte, sondern: ein klebriger Brei. Sollen Ihre bunten Nudeln also gelingen, muß die Flüssigkeitsmenge, die dem Teig zum Färben zugesetzt wird, an anderer Stelle - also beim Ei - eingespart werden. Die Eier werden nach und nach im Nudelteig verarbeitet, bis der so ist, wie er sein sollte: glatt und geschmeidig. Wie man bunte Nudeln per Hand oder Maschine herstellt, zeigen wir Ihnen hier am Beispiel vom leckeren und preiswerten Gesundstoff Möhren, der Farbe und Geschmack gibt.

Zutaten (für 4 Personen)

Möhrenteig

100 g Möhren, 300 g Weizenmehl Type 405, 3 Eier, Salz

Die Möhren schälen und anschließend fein reiben.

Möhren mit Mehl, Eiern und etwas Salz in einer Schüssel verrühren. Ist der Teig zu feucht, noch etwas Mehl untermischen.

Nudelteig per Hand glatt und geschmeidig kneten. In Klarsichtfolie wickeln und 1 Stunde ruhen lassen. Dann auf der bemehlten Arbeitsfläche dünn ausrollen.

Teig locker zusammenrollen. Mit einem Teigrädchen oder einem scharfen Messer zu schmalen Bandnudeln schneiden.

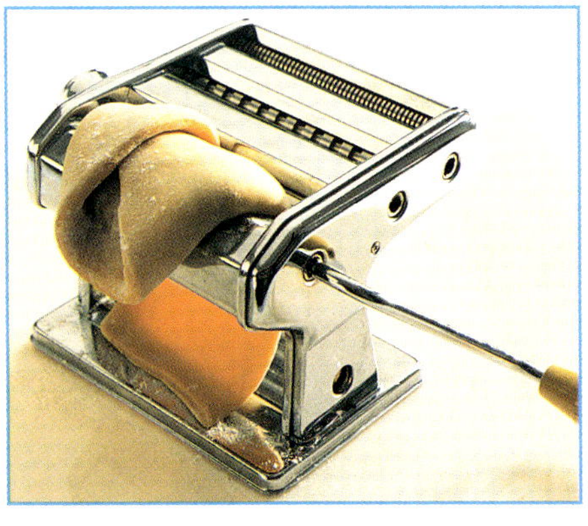

Nudelmaschine:

Schneller geht das Kneten und Ausrollen mit einer Nudelmaschine. Die Zutaten von Hand kneten, bis der Teig nicht mehr klebt. Ihn dann leicht mit Mehl bestäuben und portionsweise bei größtem Walzenabstand durch die Maschine drehen. Die Teigbänder immer wieder zusammenlegen und durchdrehen, bis der Teig glänzt. Zum Ausrollen den Walzenabstand stufenweise verringern. Den Teig nicht mehr zusammenlegen, so daß er immer länger und dünner wird. Anschließend mit der entsprechenden Schneidwalze in die gewünschte Breite schneiden.

Pasta klassisch und unbelassen

Doch wenn Sie's lieber klassisch lieben, steht dem nichts im Wege. Mit zwei Grundrezepten gelingen Ihnen frische Nudeln, die zu vielen Saucen passen.

Zutaten (für 4 Personen)

Nudelteig 1

300 g Weizenmehl (Type 405)
3 Eier (Größe M)
1 EL Olivenöl, 1 EL Wasser
eine Prise Jodsalz

Nudelteig 2

300 g Hartweizenmehl
2 Eigelbe (Größe M)
2 kleine Eier (Größe S)
1 EL Olivenöl extra vergine
eine Prise Jodsalz

1. Alle Zutaten für den Nudelteig mit den Knethaken des Handrührgerätes verkneten, dann mit den Händen zu einem geschmeidigen Teig verkneten. Teig zu einer Kugel formen, mit einer mit heißem Wasser ausgespülten Schüssel abdecken und ca. 1 Stunde quellen lassen.

2. Teig mit der Nudelmaschine oder dem Nudelholz dünn ausrollen und in beliebige Nudeln schneiden. Kurz antrocknen lassen. Reichlich Salzwasser in einem großen Topf aufkochen, Nudeln darin portionsweise garen, bis sie an die Oberfläche steigen, Nudeln gut abtropfen lassen und mit der entsprechenden Sauce mengen.

Klassische Nudelrolle

Italienische Cannelloni

Die Cannelloniklassiker müssen vor dem Gratinieren nicht gekocht werden. Und so gelingt das Füllen sicher: Relativ glatte Füllmassen lassen sich am besten mit einem Spritzbeutel in die Nudelröhren füllen. Wählen Sie dabei je nach Füllung die entsprechende Lochtülle. Ist die Farce stückiger, eignet sich ein Tee- oder Espressolöffel besser.

Hier wird eine klassische Füllung aus Spinat, Ricotta, Ei und Parmesan, die nicht zu flüssig sein darf, mit einem Spritzbeutel in die Cannelloni gedrückt.

Fresh **Noodles**

Gnocchi

Die Kartoffeln (mehlige Sorte!) unter fließendem Wasser sauberbürsten. Auf einem gefetteten Backblech 1 Stunde bei 200° C im Ofen backen und pellen.

Die restlichen Zutaten in eine große Rührschüssel geben. Die abgekühlten Kartoffeln durch die Kartoffelpresse in die Schüssel drücken.

Die Zutaten zu einem glatten Teig verkneten und kurz ruhen lassen. Dann zu daumendicken Strängen rollen. In 2 cm dicke Scheiben schneiden und zu Kugeln rollen.

Mit dem Gabelrücken auf die Teigkugeln drücken oder mit Schwung zu Kugeln rollen. Gleich ins kochende Wasser geben.

Klassischer Kartoffelteig

Gnocchi sind eigentlich nichts anderes als kleine Klößchen aus Kartoffelteig (doch klingt ihr italienischer Name natürlich sehr viel melodischer). Grundvoraussetzung für gute Gnocchi sind mehlig-kochende Kartoffeln, die nicht in Wasser gekocht oder im Dampf gegart, sondern im Ofen gebacken werden. Denn nur so bleiben sie schön trocken und mehlig.

Zutaten

(für 4 Personen)

500 g mehlig-kochende Kartoffeln

75 g Mehl (Type 550)

50 g Grieß

1 Eigelb

1 Bund Thymian (bei Wunsch)

frisch geriebenes Muskat

Jodsalz

Ravioli

Studentenklassiker oder Gourmetfutter?

Ravioli und Ravioli - das ist noch lange nicht das gleiche. Denn die einen kommen aus der Dose und schmecken nur kalt und nachts um drei. Und die anderen sind hausgemacht und schmecken immer und herrlich. In Italien dienen Ravioli seit jeher der Resteverwertung, nur merkt man es beim Essen nicht. Es ist eben ein Unterschied, ob die Konservenindustrie ihre Hand im Spiel hat oder eine italienische Mamma ihre Parmaschinkenreste in Ravioli versteckt... Maritim werden Ravioli, wenn man sie mit Garnelen oder Hummerfleisch füllt. Beim Auflegen und Andrücken der oberen Teigplatte aufpassen, daß der Nudelteig nicht reißt. Ist er schon etwas angetrocknet, die Flächen zwischen der Füllung dünn mit Wasser bestreichen, bevor die zweite Platte darübergelegt wird. Mit frischen Kräutern gefüllte Ravioli bestechen vor allem durch ihre Optik. Zubereiten lassen sich alle Raviolisorten einfach und nach dem gleichen Prinzip.

Zutaten Basisteig

(für 4 Personen)

300 g Weizenmehl Type 550, 3 Eier, 1 TL Jodsalz

Den Nudelteig dünn ausrollen und in gleich große Platten schneiden. Die Kräuter auf einer Nudelplatte verteilen und die zweite darüberlegen.

Die Füllung für die Ravioli muß feingehackt und nicht zu feucht sein. Die Zwischenräume und Ränder mit Wasser „versiegeln".

Mit dem Teigrädchen Ravioli ausschneiden.

Fresh **Noodles**

Nockerln

Südlich, aber nicht mehr mediterran

Wer Nockerln hört, denkt automatisch an die wohl berühmteste österreichische Mehlspeise, die Salzburger Nockerln. Doch es gibt auch salzige Nockerln (Grießnockerln) oder Nocken (Kasnocken). Was alle diese kleinen Klößchen verbindet, ist der Umstand, daß sie mit dem Löffel abgestochen und in Wasser gegart werden. (Nur auf besagte Salzburger Nockerln trifft dies nun gerade nicht zu.)

Eigelb, Quark, Mehl, Honig und Salz verrühren. Eiweiß fest schlagen und vorsichtig unterziehen.

2 Eßlöfffel mit kaltem Wasser anfeuchten. Klößchen durch Hin- und Herschieben abstechen. Ins heiße Wasser gleiten lassen.

Zutaten

(für 4 Personen)

2 Eier, 400 g Magerquark, 80 g Mehl, 3 EL Honig, Prise Jodsalz

Spätzle

Schwabenländische Pasta

Das Spätzleschaben von Hand beherrscht in Schwaben noch heute jeder „richtige" Hausmann (oder -frau). Wer sich das Leben leichter machen will, kann zur Herstellung auch eine Spätzlepresse oder einen Spätzlehobel verwenden - auch wenn's dann nicht mehr ganz authentisch schwäbelt.

Zutaten mit der Hälfte des Wassers zu einem glatten, zähen Teig vermengen. 10 Minuten ruhen lassen.

Ein vorne spitz zulaufendes Holzbrett kalt abspülen, über das siedende Wasser halten und mit einem großen Messer oder einer Palette gleichmäßig dünne Teigstreifen ins Wasser schaben.

Zutaten

(für 4 Personen)

400 g Mehl, 4 Eier, 1 TL Jodsalz und 100-125 ml Wasser

Frühlingsrollen

Knackiges Gemüse in Reispapier

Frühlingsrollen sind, wie so vieles auf der Welt, eine Erfindung der Chinesen. Bei der Zusammenstellung der Füllung sind Ihrer Phantasie und Kreativität keine Grenzen gesetzt - nur knackiges Gemüse gehört in jedem Fall hinein.

Clever gerollt und gewickelt

Was knifflig aussieht, braucht nur etwas Übung. Das Reispapier darf nicht zulange eingeweicht werden, sonst wird es nicht mehr glatt. Und es darf nicht zu sehr austrocknen, sonst läßt es sich nicht mehr wickeln und rollen. Fangen Sie mit wenig Füllung (aus Gemüse, Fleisch oder unserem Fit For Fun-Rezept) an. Die Ränder kann man sicherheitshalber mit Eiweiß „versiegeln". Dann kann nichts mehr schiefgehen. In einigen Ländern Asiens ißt man Frühlingsrollen übrigens roh mit einem pikanten Dip als Beilage.

Die eingeweichten Reispapierblätter abtropfen, auf der Arbeitsfläche ausbreiten und unterhalb der Mitte mit Füllung belegen.

Die untere Hälfte über die Füllung legen, beide Seiten nach innen schlagen und fest zusammenrollen. In heißem Fett ausbacken und auf Küchenkrepp abtropfen lassen.

Nudeln aus Reis?

Reisnudeln

Die milchig-weißen Reisnudeln werden aus Reismehl hergestellt. Es gibt sie als Bandnudeln, als Fadennudeln unterschiedlicher Stärke, als Quadrate und Teigblätter. Mit Ausnahme von Reispapier müssen alle Reisnudeln vor dem Kochen in siedendheißem Wasser eingeweicht werden. Die genaue Einweichzeit ist jeweils auf der Verpackung vermerkt. Reispapier wird nur kurz in Wasser getaucht, damit es weich wird.

Chinesische Eiernudeln

Chinesische Eiernudeln werden aus Weizenmehl, Eiern und Wasser hergestellt. In Asia-Läden bekommt man sie frisch, tiefgefroren oder als Instant-Nudeln. Besonders schonend gart man frische chinesische Eiernudeln in Wasserdampf. Tiefgefrorene Nudeln werden vor dem Garen nicht aufgetaut.

Soba-Nudeln

Soba-Nudeln aus Buchweizenmehl mit etwas Weizenmehl haben einen unverwechselbaren Geschmack. Sie stammen ursprünglich aus Korea und Japan und haben eine jahrhundertealte Tradition. In Tokio allein gibt es etwa 7000 Geschäfte, die Soba-Nudeln führen.

Glasnudeln

Glasnudeln, auch Cellophannudeln genannt, werden aus verschiedenen pflanzlichen Stärkemehlen, wie Mungobohnen-, Reis-, Mais- oder Kartoffelstärke, hergestellt. Sie glänzen silbrig und sind durchsichtig - eben wie Glas oder Cellophan. Glasnudeln werden vor der Verwendung entsprechend der Packungsanweisung in Wasser eingeweicht. Sie sind eher geschmacksneutral und vertragen reichlich Würze.

Warenkunde

Ahornsirup

Schon die Indianer kannten dieses Süßmittel, für das der Saft junger Ahornbäume durch Kochen eingedickt wird. Ahornsirup hat einen vergleichsweise geringen Zuckergehalt von nur etwa 65% und hält sich daher geöffnet auch im Kühlschrank nur wenige Wochen. Man bekommt ihn in jedem gut sortierten Supermarkt. Kanadischer Ahornsirup enthält keine chemischen Zusätze oder Konservierungsstoffe und ist daher vollwertiger als der amerikanische.

Akazienhonig

Ein hellgelber Honig mit mildem Geschmack, den fleißige Bienen von den Blüten der Robinie („falsche Akazie") sammeln. Akazienhonig ist dünnflüssig und kristallisiert kaum.

Apfelkraut

Wird aus dem Saft reifer, ungeschälter Äpfel hergestellt, hat eine geleeartige Konsistenz und ein intensives Aroma. Bei der Herstellung kann Zucker zugesetzt werden. Apfelkraut gibt es in Supermärkten; Apfelkraut aus biologisch angebauten Früchten in Reformhäusern und Naturkostläden.

Anchovis

siehe Sardellenfilets

Austern

Die Perlen unter den Schaltieren, die den Geschmack des Meeres - See, Salz und frische Brise - zum Gaumen transportieren. Austern werden heute an den Küsten der meisten Industrieländer gezüchtet. Ihre Qualität richtet sich nach ihrer Herkunft und Größe. Kaufen Sie nur lebend-frische Austern, deren Schalen fest geschlossen sind und lassen Sie sich bezüglich der Qualität verschiedener Arten und Sorten von Sylter Royal bis Felsenauster von Ihrem Fischhändler beraten. Als besonders fein gelten allgemein die Europäische Auster und die Westamerikanische Auster. Und noch ein Tip: Verkneifen Sie es sich, Casanova nachzueifern, der allabendlich wenigstens 50 Austern verspeist haben soll - dies entspricht nicht der Philosophie dieses Buches.

Austernpilze

Ähnlich wie Champignons und einige andere Pilzarten läßt sich auch dieser muschelförmige Speisepilz kultivieren. Sein saftiges Fleisch hat einen feinen Waldpilzgeschmack. Und so hat sich der Austernpilz zu einem wahren Kosmopoliten gemausert, der überall auf der Welt Freunde findet. Die größte Zuchtanlage befindet sich übrigens in Weiden (Oberpfalz), wo die Pilze nach einem patentierten Verfahren auf Stroh kultiviert werden.

Austernsauce

Eine aus Austernextrakt und Gewürzen hergestellte pikante Sauce aus Asien, die den Eigengeschmack von Speisen intensiviert.

Bacon

Englischer Name für mageren, durchwachsenen Frühstücksspeck, der gepökelt und geräuchert oder ungeräuchert in dünne Scheiben geschnitten wird. In der Kühltheke gut sortierter Supermärkte zu finden.

Bambussprossen

Die gelben, zarten Sprossen und Triebe verschiedener Bambusgräser, von denen es rund 45 Gattungen und mehr als 200 Arten gibt. Frisch werden Bambussprossen bei uns nur in geringem Maß importiert; in Dosen sind sie als Hälften, Streifen, Würfel oder Stücke im Handel. Frische Sprossen müssen in jedem Fall kurz gegart werden, da sie eine giftige Blausäuresubstanz enthalten, die nur durch Erhitzen zerstört wird.

Bananenchips

Gekochte oder getrocknete Bananenscheiben, die mit Zucker oder Honig in Kokosfett oder ohne Fett und Zucker vakuumgetrocknet werden. Köstlich, aber dank des Zuckerzusatzes oder des Honigs kleine Kalorienbomben. Kühl, trocken und luftig lagern.

Bärlauch

Eine Staude aus der Familie der Liliengewächse, die in lichten Laubwäldern wächst. Bärlauch riecht und schmeckt intensiv nach Knoblauch und wird daher auch Wilder Knoblauch oder Waldknoblauch genannt. In der Küche werden die jungen Blätter verwendet, die man im Mai pflückt, bevor sich die leuchtendweißen Blütendolden der Pflanze zeigen. Aber aufgepaßt: Bärlauchblätter nicht mit Maiglöckchenblättern verwechseln, die giftig sind, allerdings auch nicht nach Knoblauch duften!

Basilikum

Küchenkraut, das aus Indien stammt und seit Jahrhunderten in Europa angebaut wird. Aus der italienischen und französischen Küche nicht wegzudenken, bei uns erst seit einiger Zeit von wirklicher Bedeutung. Getrocknetes und gerebeltes Basilikum kann in Speisen mitgekocht werden, frische, gehackte Blätter sollten erst über die fertigen Gerichte gestreut werden. Der typische Geschmack ist kurz vor und während der Blüte am intensivsten.

Blattspinat

Werden bei der Ernte Spinatblätter mit ihren Stielen von Hand gepflückt, spricht man von Blattspinat. Werden dagegen die ganzen Blattrosetten am Wurzelhals mit Spezialvollerntemaschinen abgeschnitten bzw. gestochen, erhält man den sogenannten Wurzelspinat. Es handelt sich bei Blatt- und Wurzelspinat also nicht um unterschiedliche Kulturformen des Spinats, sondern um verschiedene Ernteverfahren.

Bleichsellerie

Im Gegensatz zu anderen europäischen Ländern führt diese Gemüsepflanze bei uns noch immer ein Schattendasein. Ihre langen, knackigen Stengel haben ein mildes, aber dennoch sellerietypisches Aroma und schmecken - roh wie gekocht - angenehm würzig. Früher wurden die Stauden während des Wachstums abgedeckt, damit die Stengel eine blaßgelbe bis hellgrüne Farbe annahmen; heute werden zunehmend selbstbleichende Sorten angebaut. Bleichsellerie, der auch Stangen- oder Staudensellerie genannt wird, ist das ganze Jahr hindurch auf dem Markt. Kaufen Sie nur wirklich frische Stangen - solche mit welken Blättchen sind zäh. Die Blättchen können Sie zum Würzen mitverwenden.

Borretsch

Die aus dem Orient stammende Pflanze ist schon seit dem späten Mittelalter in unseren Gewürz- und Kräutergärten heimisch. Bereits unsere Groß- und Urgroßmütter schätzten die jungen Blätter als Gurkengewürz. Auch die hübschen blauen Blüten sind roh eßbar. Borretsch ist gebündelt und in kleinen Töpfen erhältlich; zum Trocknen eignet er sich weniger gut.

Brunnenkresse

Die Blätter dieser Wasserpflanze haben eine herb-pikante, senf- oder rettichartige Schärfe, so daß sie sich vielseitig als Küchenkraut und Salatgewächs verwenden lassen. Die neue englische Küche hat dieses altmodische Kraut wiederentdeckt und schwört darauf. Sie muß feucht und kühl aufbewahrt werden und hält sich auch unter idealen Bedingungen nur wenige Tage.

Buchweizenmehl

Wird aus den kleinen, dreieckigen Früchten des Buchweizens, einem Knöterichgewächs, gemahlen und ist in Reformhäusern, Bioläden und gut sortierten Supermärkten erhältlich. Da frisch gemahlenes Buchweizenmehl schnell ranzig wird, sollte es rasch aufgebraucht oder in die Tiefkühltruhe gepackt werden.

Buttermilchquark

Frischkäse aus saurer Buttermilch mit geringem Fettgehalt; ähnelt ungereift dem Speisequark.

Catfish

Neudeutsche Bezeichnung für Zwergwelse. Die Süßwasserfische haben sich in Amerika zu sehr erfolgreichen Zuchtfischen entwickelt, werden mittlerweile aber auch bei uns in Fischfarmen aufgezogen. Zwergwelse haben festes, weißes Fleisch und statt des gründelnden Geschmacks von früher ein feines Aroma.

Calvados

Französischer Apfelbranntwein, der mindestens ein Jahr in Eichenfässern lagern muß, damit sich seine Farbe und sein typisches Aroma entwickeln. Viele Sorten reifen zwischen zwei und fünf Jahren, edle Tröpfchen auch 50 Jahre und länger. Junger Calvados schmeckt fruchtig und feurig, mit zunehmender Reife wird sein Geschmack weicher. Der Alkoholgehalt beträgt mindestens 40 Vol.%.

Champignons

Bei uns der mit Abstand beliebteste - und preiswerteste - Speisepilz. Frische Kulturchampignons sind das ganze Jahr über auf dem Markt. Sorten mit brauner oder rosa Färbung gelten als besonders aromatisch. Verwenden Sie die frischen Pilze möglichst am Tag des Einkaufs. Zum Säubern brauchen sie nur abgewischt zu werden; Waschen schadet dem Aroma.

Warenkunde

Chilischoten

Es gibt Dutzende von Chilisorten unterschiedlicher Form, Farbe und Schärfe. Hinsichtlich ihrer Verwendung in der Küche lassen sie sich in drei Kategorien unterteilen: frische grüne, frische reife und getrocknete Chillies. Was ihre Schärfe betrifft, so gilt im allgemeinen: Je kleiner sie sind, desto schärfer sind sie auch, wobei die größte Schärfe stets in den Samen und Rippen steckt. Tragen Sie beim Hantieren mit Chillies am besten Gummihandschuhe und hüten Sie sich, Gesicht, Lippen oder Augen zu berühren - es brennt fürchterlich.

Chinesische schwarze Bohnen

Fermentierte schwarze Sojabohnen mit kräftigem Geschmack. In Asia-Läden erhältlich.

Curry

Diese aromatische Gewürzmischung, die aus mindestens zwölf Gewürzen besteht, verdanken wir den Indern. Grundsätzlich enthält Curry stets Pfeffer, Paprika, Ingwer, Kardamom, Nelken, Koriander, Kurkuma (sorgt für die gelbe Farbe), Kreuzkümmel, Muskatblüte, Muskatnuß, Piment und Zimt. Wenn Sie gerne experimentieren, sollten Sie es den indischen Hausfrauen gleichtun, die noch heute selbst ihre Currymischungen zusammenstellen.

Dijon-Senf

Dieser extrascharfe Senf wird nach traditionellen Rezepten aus braunen oder schwarzen, nicht entölten Senfkörnern hergestellt.

Dill

Dieses Küchenkraut wird überall auf der Welt verwendet. Dill gibt es frisch, tiefgefroren oder getrocknet zu kaufen. Alternativ zieht man ihn selbst im Garten oder auf dem Balkon.

Essig

Es gibt Wein-, Branntwein- und Obstessig sowie (mit Kräutern, Gewürzen oder Früchten) aromatisierten Essig. Weinessig (aus Weiß- oder Rotwein) und Obstessig (zumeist aus Apfelwein) schmekken in der Regel milder und weicher als Branntweinessig. Reisessig aus der asiatischen Küche ist hell, dunkel, gewürzt und gesüßt erhältlich. Balsamico, ein Rotweinessig aus Modena in Oberitalien, reift traditionell in Holzfässern. Je länger der Reifeprozeß, desto voller und runder das Aroma. Spitzen-Balsamico, der Jahrzehnte gelagert ist, könnte man wie Sherry als Aperitif trinken.

Estragon

In der französischen und italienischen Küche zählt Estragon zu den wichtigsten Küchenkräutern. Er wird frisch (gebündelt oder in kleinen Töpfen) und getrocknet angeboten und entwickelt erst beim Kochen sein volles, etwas pfeffriges Aroma. Wenn Sie beim Einkauf die Wahl haben, dann sollten Sie sich für Französischen oder Deutschen Estragon entscheiden, der weitaus aromatischer und feiner im Geschmack ist als der robustere Russische Estragon.

Feigen

Frische Feigen werden hauptsächlich aus dem Mittelmeerraum, Südafrika, Kalifornien und Südamerika importiert. Je nach Sorte haben die Früchte eine grüngelbe bis violette Farbe und das Fruchtfleisch ist rosa bis rötlich. Mit zunehmender Reife bildet sich auf der Schale ein weißer Belag aus kristallisiertem Zucker. Ist die Schale fleckig, sind die Früchte überreif und kaum noch genießbar.

Feldsalat

Unscheinbar sind sie, die zu Rosetten zusammengewachsenen Blätter des Feldsalats, aber sehr wohlschmeckend und auch überaus gesund. Von allen Blattsalaten hat Feldsalat, der auch unter dem märchenhaften Namen Rapunzel bekannt ist, den höchsten Eisengehalt. Wer nicht mit knirschenden Zähnen bei Tisch sitzen möchte, sollte ihn vor der Zubereitung allerdings gründlich waschen, um Sand oder Erde zu entfernen.

Fenchel

Als Gewürz, etwa für Brot, hat Fenchel bei uns eine lange Tradition, als Gemüse hingegen macht er in Deutschland erst seit rund zwanzig Jahren von sich reden. In seiner italienischen Heimat wird Gemüsefenchel, der ein ausgeprägtes Anisaroma besitzt, hauptsäch-

lich roh als Salat verzehrt, aber er schmeckt auch geschmort, gedämpft oder gebacken köstlich. Beim Einkauf sollten Sie darauf achten, daß die Knollen fest und ohne Druckstellen sind und das fedrige Grün schön frisch aussieht.

Fischsauce
Eine salzige Würzsauce aus Südostasien, die aus fermentiertem Fisch hergestellt wird und auch Nuoc mam oder Nam pla heißt. Ist Fischsauce nicht erhältlich, läßt sie sich durch eine Mischung aus einem Teil Sardellenpaste und vier Teilen Wasser ersetzen.

Fünf-Gewürz-Pulver
Eine scharfe asiatische Gewürzmischung aus gemahlenem Sezuan-Pfeffer, Sternanis, Zimtrinde, Nelken und Fenchelsamen.

Gambas
Die spanische Bezeichnung für Riesengarnelen, die auch unter den Namen Prawns oder Hummerkrabben im Handel sind.

Gorgonzola
Italienischer Edelpilzkäse, dem Roquefort verwandt, jedoch milder und weicher.

Granatapfel
Den gab, so meinen zumindest viele, Eva ihrem Adam im Garten Eden. Die paradiesischen Zeiten sind zwar ein für allemal vorbei, Granatäpfel jedoch sind uns geblieben. Die gelben bis roten, apfelgroßen Früchte haben saftiges, geleeähnliches Fruchtfleisch von weinartigem Geschmack, das von zahllosen Samenkernen durchsetzt ist. Doch Vorsicht: Der farbintensive Saft von Granatäpfeln verursacht dauerhafte Flecke! Nicht ohne Grund stellt man im Orient noch heute Naturfarben für Teppiche aus Granatapfelsaft her. Der Granatapfel gab aber auch der spanischen Stadt und Provinz Granada ihren Namen.

Grapefruit
Zitrusfrucht, bei der es sich vermutlich um eine Zufallskreuzung aus Orange und Pampelmuse handelt. Das Fruchtfleisch hat ein säuerlich-herbes Aroma, Sorten mit rosafarbenem Fleisch sind weniger herb und Grapefruits mit rotem Fleisch sind am süßesten und saftigsten.

Greyerzer
Ein Schweizer Hartkäse, französisch Gruyère, der im Geschmack an Emmentaler erinnert und sich sehr gut für Gratins eignet.

Herzmuscheln
Diese schönen Muscheln mit ihrem festen Fleisch nennt man auch „Austern der Armen", wodurch ihre geschmackliche Qualität eigentlich hinreichend beschrieben ist. Da die Bestände durch Überfischung vielerorts bedroht sind, findet man sie bei uns allerdings eher selten. Am besten beim Fischhändler vorbestellen!

Hummerfleisch
Der Inbegriff kulinarischen Meeresluxus ist neben Austern zweifellos der Hummer. Angeboten werden Europäische Hummer (feines, angenehm süßliches Fleisch) und Amerikanische Hummer (festes, grobfaseriges, herbes Fleisch). Das delikate Fleisch der edlen Meereskrebse sitzt in den Scheren, im Schwanz und in den Beinen und muß nach dem Kochen fachmännisch ausgelöst werden. Übrigens: In Deutschland dürfen Hummer nicht - wie in den meisten anderen Ländern - mit einem gezielten Messerstich in den Kopf getötet werden, sondern wie alle Krustentiere nur in kochendem Wasser.

Ingwer

Würzige, braungelbe Wurzel der Ingwerpflanze, die frisch oder getrocknet und pulverisiert zum Würzen verwendet wird. Ersetzen Sie frischen Ingwer jedoch niemals durch getrockneten Ingwer. Ingwer läßt sich gut einfrieren: einfach schälen und im Stück in einem Kühlbeutel in der Tiefkühltruhe aufbewahren. Die benötigte Menge je nach Bedarf abschaben.

Italienische Salami
Ist nicht geräuchert und zeichnet sich durch einen besonders intensiven Geschmack aus. Man bekommt sie in italienischen Lebensmittelgeschäften und gut sortierten Supermärkten.

Jodsalz
Speisesalz, dem zur Steigerung der Jodzufuhr Jod zugesetzt ist.

Warenkunde

Kaffir-Limetten
Eine Limettenart aus Asien mit runzeliger Schale, sehr wenig Saft, aber viel Aroma, die meist mitgekocht wird. Auch die Blätter werden verwendet.

Kapern
Die Blütenknospen des Kapernstrauchs werden in Salz, Essig oder Öl konserviert. Je kleiner die Knospen, desto feiner die Kapern.

Kapernäpfel
Die eingelegten Früchte des Kapernstrauchs.

Kapuzinerkresse
In Geschäften und auf dem Markt ist die wohlschmeckende Kapuzinerkresse nur selten erhältlich, so daß man sie am besten selbst aussät.

Karambolen
Vorrangig dekorative Tropenfrucht zur Garnierung für die verschiedensten Gerichte und Longdrinks.

Kardamom
Getrocknete Samen einer Pflanze aus der Familie der Ingwergewächse mit bittersüßem Aroma. Sie können ganz oder gemahlen verwendet werden.

Kenia-Bohnen
Als Kenia-Bohnen bezeichnet man grüne Gartenbohnen mit zarten, samenlosen Hülsen, die aus Afrika importiert werden und fast so dünn wie Stricknadeln sind. Bei Feinschmeckern begehrt, aber auch teuer.

Kerbel
Die jungen Blätter dieses Würzkrauts haben ein feines Anis- und Fenchelaroma. Kerbel verträgt kein langes Kochen. Er kann in Essig eingelegt werden, eignet sich jedoch schlecht zum Trocknen und Einfrieren.

Knoblauchpfeffer
Mit Knoblauch aromatisierte Pfeffermischung.

Knollensellerie
Die faustgroßen, fleischigen Wurzelknollen sind ein klassischer Bestandteil von Suppengrün und in Form von Selleriesalat wohlbekannt. Knollensellerie schmeckt robuster als Bleichsellerie und wird als Gemüse und als Gewürz verwendet. Die Knollen sollen eine glatte Oberfläche haben und dürfen innen nicht hohl oder pelzig sein.

Koriander
Neben den erdig schmeckenden Samen, die oft indische Curries würzen, nimmt man auch die frischen Blättchen, die glatter Petersilie ähneln und Gerichten einen Hauch Zitronenaroma und Schärfe geben.

Kresse
Gartenkresse ist das ganze Jahr hindurch erhältlich, läßt sich aber auch problemlos auf der Fensterbank ziehen. Sie hat ein frisches, pikantes Aroma und sollte nicht gewaschen und außer für Quark und Kräuterbutter auch nicht gehackt werden.

Kreuzkümmel
Ein scharfes, kümmelähnliches Gewürz, das in China, Indien, Ägypten, Syrien, im Iran und Libanon häufig verwendet wird. Wie alle Gewürze sollte Kreuzkümmel dunkel, kühl und trocken gelagert werden.

Kürbiskerne
Die getrockneten Kerne des Gartenkürbis haben ein nussiges Aroma und sind reich an ungesättigten Fettsäuren. Man verwendet sie wie Pistazien oder Pinienkerne. Bedingt durch ihren hohen Fettanteil werden sie schnell ranzig. Am besten im Kühlschrank aufbewahren.

Kurkuma
Die knollig verdickte Wurzel eines Ingwergewächses, die getrocknet oder zu Pulver gemahlen im Handel ist. Kurkuma schmeckt leicht pfeffrig und etwas bitter und färbt Speisen gelb (daher auch ihr deutscher Name Gelbwurz).

Lachs
Dieser wohlschmeckende, edle, vielseitige und äußerst gesunde (20% Eiweiß!) Fisch trägt seit einigen Jahren leider auch den Beinamen „Huhn des Meeres“, denn er unterliegt oft einer ähnlichen Massentierhaltung. Doch das Ergebnis ist überzeugend - Zuchtlachs wird immer billiger, und im Geschmack bestehen keine wesentlichen Unterschiede zu Wildlachs, der heute rar geworden ist und nicht mit Wildwasserlachs (ebenfalls aus Zuchtbetrieben) verwechselt werden sollte. Auch Räucherlachs und der trockengebeizte Graved Lachs sind sehr beliebt.

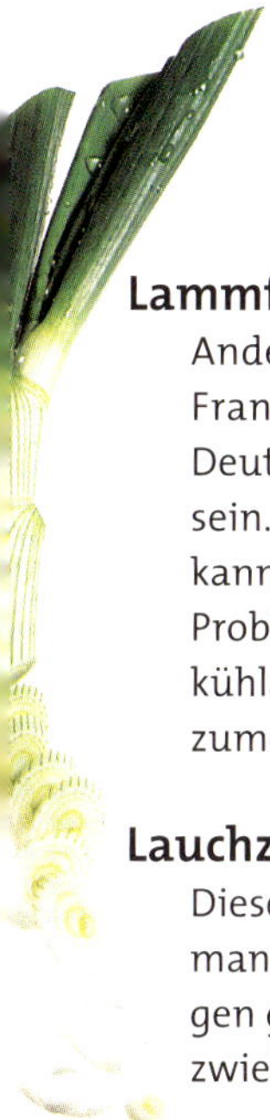

Lammfleisch

Anders als beispielsweise in Großbritannien und Frankreich führt Lammfleisch in weiten Teilen Deutschlands noch immer ein rechtes Schattendasein. Sollten Sie also nicht in einer Großstadt leben, kann der Einkauf von frischem Lamm durchaus ein Problem darstellen. Inspizieren Sie dann die Tiefkühlabteilungen großer Supermärkte. Dort finden Sie zumeist, was Sie suchen - sogar Lammhackfleisch.

Lauchzwiebeln

Diese schlanken Verwandten der Küchenzwiebel, die man an ihren verdickten weißen Basen und den langen grünen Blättern erkennt, sind auch als Frühlingszwiebeln im Handel.

Limetten

Die Limette ist die Zitrone der Tropen und erfreut sich auch bei uns zunehmender Beliebtheit. Sie hat eine dünne, grüne bis gelbe Schale, ist kernlos, sehr saftig, überaus aromatisch und feiner im Geschmack als Zitronen. Und noch ein weiterer Pluspunkt: Ihre Schale ist in der Regel unbehandelt.

Löwenzahn

Der von vielen Gärtnern als Unkraut verteufelte Löwenzahn war schon im Mittelalter als Heilpflanze bekannt. Heute gibt es auch Kultursorten sowie gebleichten Löwenzahn, der weniger Bitterstoffe enthält als Wildpflanzen. Löwenzahn schmeckt lecker als Salat und in Kräuterquark, paßt zu Gemüsesuppen und läßt sich wie Spinat zubereiten. Wegen der Abgasbelastungen sollten Sie wilden Löwenzahn nicht in der Nähe von Straßen oder Industrieansiedlungen pflücken.

Macis

Die getrockneten Fäden des Samenmantels der Muskatnuß. Wird wie Muskatnuß verwendet, ist im Geschmack aber milder und feiner und muß immer mitgekocht werden. Macis heißt auch Muskatblüte.

Majoran

Aromatisches Küchenkraut, das vor allem zum Würzen von Fleischgerichten und Wurst verwendet wird. Frischer Majoran sollte erst gegen Ende der Garzeit hinzugegeben werden.

Mangos

Die Steinfrüchte eines bis zu 30 m hohen, immergrünen Baums, der in den Tropen wächst. Sie schmecken süßlich-herb nach Ananas und Aprikose und entwickeln reif einen intensiven Duft. Unreife Mangos läßt man einige Tage bei Zimmertemperatur (oder in einer Papiertüte) nachreifen, bis das Fruchtfleisch leichtem Druck nachgibt. Mangos sind so saftig, daß man sie auch als „Badewannenfrucht" bezeichnet, weil man sich am besten in dieselbe setzt, um nicht in ihrem Saft fortzuschwimmen.

Marsala

Dunkler, sherryartiger Wein aus Sizilien. Wird als Aperitif und Dessertwein getrunken und besonders im Süden auch zum Aromatisieren von Süßspeisen verwendet.

Miesmuscheln

Traditionell kommen diese beliebten Muscheln, die zumeist in Muschelgärten gezüchtet werden, in den Monaten mit „r" in den Handel, also von September bis April. Sie haben festes, sehr schmackhaftes Fleisch und müssen roh fest geschlossen sein oder sich nach leichtem Klopfen auf die Schale schließen. Alle Muscheln, die geöffnet bleiben, vor dem Garen wegwerfen. Nach dem Garen unbedingt alle Muscheln aussortieren, die sich nicht geöffnet haben.

Minze

Ein aromatisches Küchenkraut mit erfrischend kühlem Aroma und pfeffrigem Geschmack. Verwenden Sie Minze stets sparsam, da ihr Geschmack nur allzu leicht dominiert.

Mirin

Ein gesüßter japanischer Reiswein, den man zum Kochen nimmt. Ersatzweise kann man sich mit einer Mischung aus gleichen Teilen Zucker und Sake, trokkenem Sherry oder Weißwein behelfen.

Mozzarella

Ein italienischer Frischkäse, der traditionell aus Büffelmilch hergestellt wird, für den heute aber auch Kuhmilch oder Mischungen aus Kuh- und Büffelmilch verwendet werden. Zum Verkauf wird der Käse zu kleinen Kuchen oder Kugeln geformt und in Salzlake in Tüten eingeschweißt. Mozzarella schmeckt leicht säuerlich und hat eine blättrige, elastische Konsistenz. Neben dem Rohverzehr (etwa zu Tomaten mit

Warenkunde

Basilikum) eignet sich Mozzarella auch ganz ausgezeichnet zum Überbacken. Doch in diesem Fall kann man getrost auf den preiswerteren Kuhmilch-Mozzarella ausweichen.

Mungobohnensprossen
siehe Sprossen

Nordseekrabben
Weit verbreitete Bezeichnung für die Nordseegarnele, eine beliebte Sandgarnelenart aus dem Wattenmeer, die bei Kennern auch als Granat bekannt ist. (Der Name „Krabbe" ist zwar offiziell zulässig, aber zoologisch falsch.) Da die Tiere sehr leicht verderblich sind, werden sie bereits an Bord der Krabbenkutter gekocht. Frischen Granat gibt es ungeschält und geschält, geschälte Nordseegarnelen sind auch tiefgefroren oder als Konserve im Handel.

Ogenmelonen
Diese relativ kleinen Früchte, eine israelische Kreuzung zwischen Cantaloup- und Netzmelone, sind erst seit wenigen Jahren auf dem deutschen Markt. Ihre gefleckte Schale hat helle Streifen und schimmert olivgrün. Ogenmelonen duften stark, sind sehr saftig und haben ein säuerlich-süßes Aroma. Sie sind lange haltbar, aber recht transportempfindlich.

Okraschoten
Einwanderer aus südlichen Ländern haben Okras auch bei uns als Gemüsefrucht bekannt gemacht. Die fingerlangen, mehrkantigen, grünen Schoten sind frisch und als Dosenware erhältlich, im ganzen eßbar und haben einen pikanten, säuerlichen Geschmack. Beim Kochen sondern sie einen milchigen Schleim ab, der sich zum Binden eignet. (Ist er unerwünscht, die Schoten vor dem Garen kurz blanchieren.) Geschmacklich harmonieren Okras besonders gut mit Tomaten.

Öle
Speiseöle mit bestimmten Pflanzennamen (etwa Sonnenblumen-, Distel- oder Walnußöl) sind jeweils aus dem reinen Öl der betreffenden Pflanze hergestellt. „Pflanzenöl" hingegen enthält verschiedene Öle. Kaltgepreßte Öle werden ohne chemische Lösungsmittel gewonnen und lediglich gefiltert, nicht aber raffiniert. Sie sind daher besonders hochwertig, werden aber auch schnell ranzig und müssen rasch verbraucht und kühl gelagert werden. Einen Spitzenrang unter den Speiseölen nimmt das Olivenöl ein. Wie bei anderen Ölen gibt es auch hier beträchtliche Qualitäts- und Preisunterschiede. Garant für Topqualität sind die Bezeichnungen Natives Olivenöl extra oder Olivenöl extra vergine.

Oliven
Die Steinfrüchte des Olivenbaums sind je nach Reifegrad grün bis rötlich-violett und schwarz. Je reifer die Oliven, desto milder ihr Geschmack. Das Angebot ist vielfältig: man bekommt sie in Salzwasser, in Essig oder Öl sowie mit Kräutern und Gewürzen eingelegt. Gefüllt sind sie beispielsweise mit Kapern, Mandeln, Paprika oder Sardellen erhältlich.

Oregano
Als Pizza-Gewürz ist uns getrockneter Oregano bestens bekannt, doch frisch hat das klassische italienische Küchenkraut eigentlich das bessere Aroma. Oregano sparsam dosieren und mitkochen.

Pak-Choi
Ein Blattstielgemüse aus Fernost, das botanisch dem Chinakohl verwandt ist und im Aussehen und Geschmack dem Mangold ähnelt. Am wertvollsten sind die weißen Blattrippen, die gedünstet oder als Rohkost ganz vorzüglich schmecken. Für Gerichte mit langen Garzeiten ist Pak-choi nicht geeignet. In Mitteleuropa wird Pak-choi erst seit wenigen Jahren und auch nur in geringem Umfang angebaut. Man bekommt ihn in Asia-Läden und auf Wochenmärkten.

Papaya
Die „Melone der Tropen" ist das ganze Jahr über auf dem Markt. Reif - und am leckersten - sind die Früchte, wenn ihre Schale auf Fingerdruck leicht nachgibt.

Parmaschinken
Luftgetrockneter, italienischer Schinken der Spitzenklasse. Echter Parmaschinken ist am Brennstempel mit der Herzogskrone von Parma zu erkennen und reift bis zu 18 Monaten. Er ist äußerst aromatisch, vielseitig verwendbar, sehr mager und wird in hauchdünnen Scheiben aufgeschnitten. Anschnitte werden als Nudelfüllung verwendet.

Parmesan

Weltberühmter, extraharter, italienischer Würzkäse, der zumeist gerieben (aber auch gehobelt oder geraspelt) wird. In Italien ißt man ihn mit einer reifen Birne allerdings auch gern zum Dessert. Verwenden Sie in jedem Fall nur frisch geriebenen Parmesankäse, der sich auch ausgezeichnet einfrieren läßt. Getrockneter Parmesankäse, der überall in den Supermarktregalen steht, sieht nicht nur wie Sägemehl aus, sondern schmeckt auch so. Der klassische - und beste - Parmesankäse stammt aus den norditalienischen Provinzen Parma und Reggio Emilia und ist unter der Bezeichnung „Parmigiano-Reggiano" geschützt.

Pecorino

Ein italienischer Hartkäse aus Schafmilch mit kräftigem Geschmack, der mit zunehmendem Alter immer pikanter wird. Er eignet sich als Reibkäse (ganz jung auch als Tafelkäse), zum Überbacken und für Füllungen.

Peperoni

Kleine, scharfe Schoten verschiedener Gewürzpaprikasorten (*Capsicum annum var. longum*), nicht zu verwechseln mit den verwandten Chillies (*Capsicum frutescens*). In den Handel kommen die noch unreifen grünen sowie die reifen roten Peperonischoten.

Petersilie

Universalgenie unter den Küchenkräutern. Während früher bei uns fast ausschließlich krause Petersilie angeboten wurde, erfreut sich in letzter Zeit auch glatte Petersilie mit ihrem kräftigeren Aroma wachsender Beliebtheit. Die gelblich-weißen bis hellbraunen Wurzeln, die in der Form Möhren ähneln, haben einen angenehm würzigen Geschmack und werden oft als Suppen- oder Salatgewürz verwendet.

Pfeffer

Im Mittelalter ein Zahlungsmittel, heute das meistverwendete Gewürz der Welt. Pfefferkörner sind die Beerenfrüchte des rankenden Pfefferstrauchs, und ganz gleich, ob es sich um grünen, schwarzen oder weißen Pfeffer handelt, immer stammt er vom gleichen Strauch. Nur der Erntezeitpunkt variiert: Die grünen unreifen Beeren werden in Essig oder Salzlake eingelegt und als grüner Pfeffer verkauft. Läßt man die Beeren trocknen, entsteht schwarzer Pfeffer. Für weißen Pfeffer wiederum werden die ausgereiften roten Beeren von ihrer Fruchtschale befreit. Weißer und schwarzer Pfeffer ist ganz, geschrotet oder gemahlen im Handel, hat frisch gemahlen oder im Mörser zerstoßen aber das meiste Aroma. Als rosa Pfeffer werden die getrockneten oder eingelegten Beeren eines brasilianischen Pfefferbaums bezeichnet. Er schmeckt eher süßlich-fruchtig und paßt gut zu Fischgerichten. Cayennepfeffer hingegen ist höllisch scharf. Dieses Würzpulver aus Chillies verleiht Speisen eine feurige (nach Dosierung auch feuerspeiende) Note.

Pfifferlinge

Einer unserer beliebtesten Speisepilze mit mildem, leicht pfeffrigem Geschmack. Pfifferlinge lassen sich (bislang) nicht züchten und wurden in vielen Wäldern durch unsachgemäßes Sammeln nahezu ausgerottet. Das Angebot ist daher immer knapp und der Preis entsprechend hoch. Beim Putzen fällt allerdings kaum Abfall an; selbst kleine Mengen sind relativ ergiebig.

Pilzfond

Aromatische Pilzflüssigkeit, bei der sich der Griff zum Fertigprodukt lohnt.

Piment

Die getrockneten Beeren des immergrünen tropischen Pimentbaums, die man auch Nelkenpfeffer oder Allgewürz nennt, weil sie die Schärfe des Pfeffers und das Aroma von Gewürznelken, Muskat und Zimt in sich vereinen. Piment ist Bestandteil vieler Gewürzmischungen und wird gern als Back- und Wurstgewürz verwendet. Zwei zerdrückte Pimentkörner haben übrigens die gleiche Würzkraft wie ungefähr zwanzig unzerdrückte.

Pinienkerne

Samen aus den Zapfen der Pinie, eines im Mittelmeerraum heimischen Baums. Pinienkerne sind keine Knabbernüsse, sondern werden für Pesto und andere Saucen verwendet. Ihr feines Aroma kann durch leichtes Rösten verstärkt werden.

Pistazien

Die Früchte des Pistazienbaums, der vor allem im östlichen Mittelmeergebiet kultiviert wird. Die Fruchtkerne sind hellgrün, schmecken angenehm süß und werden roh, geröstet oder gesalzen verzehrt.

Radieschensprossen

siehe Sprossen.

Warenkunde

Rauke

Schon die alten Römer schätzten sie als Salatpflanze. Die deutsche Gourmetküche hat sie wiederentdeckt und sie ist mittlerweile in den meisten Supermärkten zu finden. Gegessen werden die jungen Blätter, die einen intensiven, etwas nussigen und mitunter scharfen Geschmack haben. Vermarktet wird sie auch unter ihrem wohlklingenden italienischen Namen Rucola.

Reiswein

Dieses alkoholische Getränk aus Reismaische wird vor allem in Japan und China produziert. Am bekanntesten ist Reiswein unter seinem japanischen Namen Sake. Reiswein und Mirin, eine gesüßte Version, sind in der fernöstlichen Küche eine beliebte Saucengrundlage.

Römersalat

Ein Kopfsalat mit aufrecht wachsenden Blättern, der in Streifen gezupft oder geschnitten wird. Er eignet sich auch als Kochgemüse.

Roquefort

Dieser aromatische, pikante Blauschimmelkäse ist wohl der älteste Käse Frankreichs. Als Tafelkäse darf er mit der Rinde, aber nie mit Butter gegessen werden. Roquefort eignet sich auch ausgezeichnet zum Kochen. Er hält sich nicht sehr lange und darf in keinem Fall eingefroren werden.

Rosmarin

Wegen seines intensiven Geschmacks sollte dieses Würzkraut, das vor allem in der Mittelmeerküche eine große Rolle spielt, immer sparsam verwendet werden. Getrockneter Rosmarin ist schärfer und bitterer als frischer. Frische Rosmarinzweige werden - ebenso wie getrockneter Rosmarin - in den Speisen mitgekocht. Vor dem Servieren lassen sie sich problemlos herausfischen, so daß die spitzen, nadelähnlichen Blättchen nicht im Essen verbleiben.

Rote Linsen

Im Mittleren Osten gehören rote Linsen zu den Grundnahrungsmitteln. Geschälte rote Linsen zerfallen beim Garen rasch und haben ein feineres und zarteres Aroma als ungeschälte.

Rote Zwiebeln

Bei diesen Zwiebeln ist nicht nur die Haut prachtvoll gefärbt, sondern auch die Schalen haben einen lackroten Saum. Rote Zwiebeln wirken daher in Salaten äußerst dekorativ. Überdies schmecken sie zwar würzig, sind aber milder als Haushaltszwiebeln.

Safran

Das bekanntermaßen teuerste Gewürz der Welt, das aus den Blütennarben der krokusähnlichen Safranpflanze gewonnen wird. Der hohe Preis erklärt sich aus der unvorstellbar großen Menge an Blütennarben, die zur Gewinnung des Gewürzes und Färbemittels von Hand gepflückt werden müssen. Safran wird als Fäden und Pulver per Gramm verkauft, doch genügen schon kleinste Mengen zum Würzen und Gelbfärben von Speisen. Bei kurzen Garzeiten oder geringem Flüssigkeitsgehalt weichen Sie die Fäden oder das Pulver vorher in etwas heißem Wasser ein.

Salbei

In Italien ein Standardgewürz. Verwendet werden die ganzen, gehackten oder zerstoßenen Blätter, die ein herb-würziges Aroma haben. Salbei, speziell getrockneter, kann schnell vorschmecken.

Sambal oelek

Indonesische Würzpaste aus Chilischoten, die in asiatischen Lebensmittelgeschäften erhältlich ist. Die scharfe Paste ist ein ausgezeichneter Ersatz für frische oder getrocknete Chillies.

Sardellenfilets

Das entgrätete, in Salzlake eingelegte Fleisch von Sardellen. Diese kleinen, fettreichen Heringsfische kommen in fast allen Meeren vor und haben einen kräftigen, würzigen Geschmack.

Scampi

Die italienische Bezeichnung für Kaisergranat, der jedoch - trotz des recht unterschiedlichen Aussehens - häufig mit Riesengarnelen verwechselt wird.

Schafkäse

Aus Schafmilch, darf aber auch Kuhmilch enthalten. Schafkäse gibt es als Frisch-, Schnitt- und Hartkäse. Am bekanntesten ist der rindenlose, etwas bröckelige Feta-Käse, der in Salzlake reift. Er hat einen pikanten, säuerlich-salzigen Geschmack und eignet sich auch gut zum Gratinieren und Verbacken.

Schalotten
Die kleinen, feinen Verwandten der Küchenzwiebel. Schalotten sind von allen Zwiebelarten am mildesten.

Schmand
Ein löffelfester Sauerrahm mit mindestens 20% Fett. In heißen Speisen ist Schmand ebenso standfest wie Crème fraîche, die allerdings bis zu 40% Fett hat.

Schnittknoblauch
Sieht aus wie Schnittlauch, schmeckt nach Knoblauch. In der indischen, chinesischen und japanischen Küche spielt er eine wichtige Rolle. Bei uns ist er erst seit wenigen Jahren bekannt.

Seelachs
Ein preiswerter, aber schmackhafter Seefisch mit festem, perlgrauem Fleisch, das beim Garen hell wird. Mit nur 0,8% Fett gehört Seelachs zu den Magerfischen.

Seezunge
Ein begehrter Seefisch - unter den Plattfischen der bekannteste und feinste, was sich auch an seinem hohen Preis zeigt. Das zarte, schmackhafte Fleisch sollte möglichst schonend zubereitet werden.

Senfpulver
Wird aus entölten, gemahlenen Senfkörnern ohne Zusätze hergestellt und hat einen reinen Senfgeschmack.

Shiitake-Pilze
Bei uns noch ein Newcomer, in der Weltrangliste der Kulturpilzproduktion allerdings hinter dem Champignon bereits an zweiter Stelle. Dies liegt an seiner enormen Beliebtheit in den Küchen des Fernen Ostens und an seinem kometenhaften Aufstieg in den USA. Diese Baumpilze haben saftiges, aber nicht wäßriges Fleisch. Zum Säubern werden sie nicht gewaschen, sondern lediglich mit Küchenkrepp abgewischt. Salz und Gewürze gibt man erst nach dem Garen zu, da sich nur so ihr herrliches Aroma entfalten kann. Shiitake-Pilze werden auch unter der Bezeichnung Tongku- oder China-Pilz angeboten.

Shrimps
Handelsübliche, aber weltweit uneinheitliche Bezeichnung für verschiedene Garnelenarten. In den meisten Fällen sind es kleinere Tiefseegarnelen.

Sojasauce
Eine in Asien seit Jahrhunderten verwendete Würzsauce. Je nach Herkunft (Japan, China, Indonesien) und Sorte ist Sojasauce salzig oder süßlich, hell oder dunkel, leicht oder schwer.

Sonnenblumenkerne
Samen der Sonnenblume, die wie Nüsse verwendet werden können.

Spargel
Bleichspargel, also jene weißen Stangen, die heute jeder kennt, gibt es erst seit Ende des 19. Jahrhunderts. Zuvor war nur der Grünspargel bekannt, der seit einigen Jahren eine Renaissance erlebt. Grünspargel schmeckt kräftiger und würziger als Bleichspargel, und die meisten Sorten braucht man überhaupt nicht zu schälen. Außerdem ist auch die Garzeit kürzer. Achten Sie beim Einkauf (besonders von Importware) darauf, daß die Stangen - ob weiß oder grün - an der Schnittstelle nicht ausgetrocknet sind und fest geschlossene Köpfe haben. Weiche, biegsame Stangen sind alt oder schon uralt und taugen höchstens zum Wegwerfen.

Spitzkohl
Eigentlich steckt in seinem Namen schon fast alles, was man über den Spitzkohl wissen muß: Er ist eine Abart des Weißkohls mit einem nach oben spitz zulaufendem Kopf. Und seine Vorzüge sind ebenso schnell beschrieben: Spitzkohl ist zarter und wohlschmeckender als Weißkohl, gart schneller, hat einen schönen knackigen Biß und ist leicht verdaulich.

Sprossen
In der Küchensprache versteht man unter Sprossen keimende Samen verschiedenster Pflanzen, die reich an hochwertigen Nährstoffen sind. Sprossen kann man selbst auf der Fensterbank ziehen. Geeignete Samen gibt es in Reformhäusern und Bioläden. (Saatgut für den Garten ist ungeeignet, da fast immer gebeizt!). In unserem Kochbuch kommen Radieschen- und Mungobohnensprossen zum Einsatz. Frische Mungosprossen gibt es

Warenkunde

in asiatischen Lebensmittelgeschäften und zuweilen auch in Supermärkten. Radieschensprossen werden Sie selbst im Keimgerät oder Einmachglas heranziehen müssen. Wie dies vonstatten geht, ist auf den Samentütchen genau beschrieben.

Steinpilze

Diese edlen, dickfleischigen Waldbewohner rangieren in der Gastronomie gleich hinter Trüffeln und Morcheln. Da es noch nicht gelungen ist, Steinpilze in Zuchtanlagen zu kultivieren, ist das Marktangebot stets knapp und die Preise manchmal horrend. Steinpilze sollten nicht gewaschen werden. Getrocknete Steinpilze sind auch als *porcini* im Handel.

Steinpilz-Hefebrühe

Hefebrühe bekommt man in Reformhäusern und Bioläden. Es handelt sich um fleischbrüheähnliche Produkte, die anstelle von Fleischextrakt Hefeextrakt enthalten - und in diesem speziellen Fall auch getrocknete Steinpilze.

Tabasco

Eine konzentrierte, teuflisch scharfe Pfeffersauce, die aus fermentierten roten Chillies, Weinessig und Salz hergestellt wird. Nur tropfenweise verwenden.

Tamarindenpaste

Getrocknetes Fruchtfleisch der Tamarinde, einer exotischen Hülsenfrucht. Tamarindenpaste kommt in der asiatischen Küche zum Säuern und Würzen von Speisen zum Einsatz.

Tandoori-Gewürzmischung

Indische Gewürzmischung, die unter anderem Chillies, Kardamom, Knoblauch, Koriander, Kurkuma, Safran sowie Tamarinde enthält.

Thunfischsteaks

Wie in vielen anderen Ländern führt Thunfisch bei uns fast ausschließlich ein Dosenleben. Frischen Thunfisch findet man eher selten auf dem Markt — leider, denn sein Fleisch ist ausgesprochen delikat und schmackhaft. Wer zu Allergien neigt, sollte allerdings die Blutnetze, die sich in Form von dunkelroten Flecken durch die seitlichen Muskelstränge ziehen, vor dem Garen entfernen, da sie größere Mengen Histamin enthalten können.

Thymian

Eine Heil- und Gewürzpflanze, die in der mediterranen Küche häufig verwendet wird. Thymian harmoniert ausgezeichnet mit Tomaten, Oliven, Knoblauch und Wein, und sein kräftiges Aroma bleibt auch bei längeren Garzeiten gut erhalten.

Tiefseegarnelen

Ihr Fleisch wird meist direkt an Bord der Trawler gekocht, was ihrer Qualität und dem Geschmack jedoch nicht schadet. Tiefseegarnelen leben in kalten Gewässern und kommen zumeist aus den nördlichen Meeren um Grönland und Spitzbergen. Verwirrenderweise werden sie auch unter den Bezeichnungen Tiefseekrabbe, Nordmeer-, Grönland- und Nordische Garnele oder Krabbe vermarktet.

Tintenfisch

Tintenfisch wird frisch, tiefgefroren und als Konserve angeboten. Beim Einkauf sollten Sie darauf achten, daß frischer Tintenfisch angenehm riecht und sein Fleisch feucht ist.

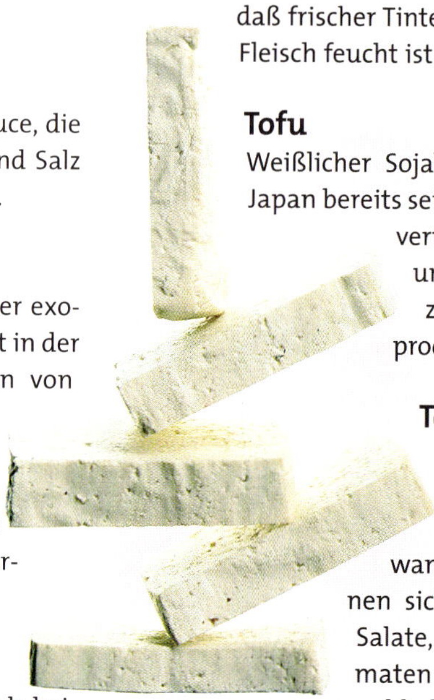

Tofu

Weißlicher Sojabohnenquark, der in China und Japan bereits seit 2000 Jahren hergestellt wird. Er verträgt viel Würze. Für Vegetarier und Veganer stellt er eine ausgezeichnete Alternative zu Milchprodukten, Fleisch und Fisch dar.

Tomaten

Längliche Eier- oder Flaschentomaten sind besonders fleischig, sehr aromatisch und süß, wandern vorrangig in die Dose, eignen sich aber auch zum Rohessen, für Salate, Suppen und Saucen. Fleischtomaten sind schnittfester, süßer und wohlschmeckender als runde Tomaten und haben wenig Saft. Sie werden gefüllt, gegrillt, geschmort und wandern in den Salat. Kirschtomaten sind süßer als herkömmliche Tomaten. Sie sind gesunde Knabberware und Garnierung. Getrocknete Tomaten sind in Olivenöl eingelegt und haben ein intensives Aroma. Sie ersetzen Tomatenmark und verfeinern Nudel- und Fleischgerichte. Unter Passata versteht man pürierte Tomaten, die leicht gesalzen im 500 g-Tetrapack verkauft werden.

Tongku-Pilze

siehe Shiitake-Pilze

Trüffeln

Die edelsten Speisepilze der Welt und neben bestem Kaviar auch das teuerste Nahrungsmittel der Welt. Ihr Preis entspricht in etwa dem von Gold, doch das unbeschreibliche, geheimnisvolle Aroma dieser Pilze macht sie für Feinschmecker dennoch unwiderstehlich. Schwarze Trüffeln aus dem südfranzösischen Périgord und weiße Trüffeln aus dem norditalienischen Piemont werden besonders geschätzt. Hüten sollte man sich vor Billigimporten aus Rumänien, Polen und einigen Balkanstaaten. Auch konservierte Trüffeln sind selten erstklassig. Zur Verwendung werden Trüffeln meist mit einem Trüffelhobel in hauchdünne Scheiben geschnitten. Zum Verfeinern und Aromatisieren von Speisen können Sie Trüffelpüree und Trüffelöl aus dem Feinkosthandel verwenden. Als Tip: Eine Handvoll getrockneter Steinpilze mit ihrem Kochwasser intensiviert ihren Geschmack. Trüffeln nie feucht werden lassen, denn so verderben sie rasch.

Vanilleschoten

Die Fruchtkapseln einer tropischen Orchideenart, die kurz vor der Reife geerntet werden. Im Verlauf der anschließenden Fermentierung nehmen die gelblichgrünen Früchte eine schwarzbraune Farbe an und entwickeln ihr herrliches Aroma. Im Glas im Supermarkt zu finden.

Wasabi

Grüner asiatischer Meerrettich, der im Westen als Würze für japanische Gerichte bekannt geworden ist. Er hat einen beißenden Geruch und ist wesentlich schärfer und aromatischer als unser Meerrettich, mit dem er botanisch nicht verwandt ist. Bei uns bekommt man ihn als Pulver oder Paste, frisch wird er nur selten angeboten.

Wildblütenhonig

Ein Honig aus verschiedenen Blüten wie etwa Glokkenblumen, Ginster und Lupinen. Er hat eine kräftige, goldene Farbe und je nach Sorte einen milden bis kräftigen Geschmack.

Ziegenkäse

Wie bei Käse aus Kuh- oder Schafmilch gibt es auch bei Ziegenkäse unendlich viele Sorten. Hauptproduzenten sind Frankreich und Spanien. Zur Unterscheidung von Kuhmilchkäsen wird Frisch- und Weichkäse aus reiner Ziegenmilch häufig in Pyramiden- oder Zylinderform angeboten.

Zitronengras

Ein asiatisches Küchen- und Würzkraut mit langen holzigen Stengeln, die Frühlingszwiebeln ähneln, aber nach Zitrone schmecken. Verwendet werden vor allem die knollig-verdickten weißen Enden und weniger das Blattgrün. Zitronengras ist frisch und getrocknet erhältlich; in Asia-Läden gibt es das frische Zitronengras meist in größeren Mengen abgepackt. Doch das macht nichts, denn es läßt sich gut einfrieren. Aber auch auf Wochenmärkten wird man fündig.

Zitronenmelisse

Ein aromatisches Heil- und Würzkraut, das man nur frisch verwenden sollte. Es eignet sich für alle Speisen, die von feinem Zitronenaroma profitieren. Zitronenmelisse nur wenig schneiden oder hacken, damit nicht zuviel Duft und Geschmack verlorengehen und nicht erhitzen oder mitkochen, sondern erst am Schluß zugeben. Den heilsamen Melissengeist verdanken wir den Karmelitern, die ihn zu Beginn des 17. Jahrhunderts hinter ihren Klostermauern erfanden. Zitronenmelisse schützt neben Krankheiten auch vor Hexen — meinte man im Mittelalter.

Zuckerschoten

Diese feinen Erbsen, die auch als Zuckererbsen und Kaiserschoten im Handel sind, können im ganzen gegessen werden, da ihnen die ungenießbare Pergamentschicht an der Innenseite der Hülse fehlt. Wenn sie nicht ganz jung sind, sollte man sie vor dem Kochen fädeln. Wenige Minuten Kochzeit reichen für dieses äußerst vielseitige Edelgemüse aus, das in der asiatischen oder kalifornischen Küche genauso seinen Platz hat wie in der französischen, wo man sie *mangetout* nennt — nicht zu Unrecht, denn man kann wirklich fast alles an ihr essen.

Küchengeräte & **Accessoires**

Ein Muß:

❶ **Nudeltopf**
Hoch genug für Spaghetti, breit genug für Ravioli.

❷ **Reibe**
Reibt schnell und vielseitig Möhren, Muskat und Co.

❸ **Meßbecher**
Mißt alle Trockenzutaten für Nudeln peinlich genau.

❹ **Sieb**
So können Nudeln richtig und sorgfältig abtropfen.

❺ **Nudelholz**
Damit läßt sich jeder Nudelteig einfach ausrollen.

❻ **Auflaufform**
Läßt jedes Gratin gelingen und sieht auf jedem Tisch gut aus

❼ **Knoblauchpresse**
Ganz feine Knoblauchstücke, ohne Aufwand gepreßt

❽ **Parmesanreibe**
Reibt Käse in die dazugehörige praktische Schale.

❾ **Schneidbrett**
Aus Holz oder Kunststoff, der sich leicht reinigen läßt.

❿ **Küchenmesser**
Je schärfer das Messer, desto einfacher die Schneidearbeit.

⓫ **Teigrädchen**
Zum Ausschneiden der selbstgemachten Nudeln.

⓬ **Pfanne**
Eine Beschichtung spart Fett und somit auch Kalorien.

Luxus:

1 Nudeltopf
Der Einsatz spart Kochzeit und läßt die Nudeln gut abtropfen.

2 Mühlen
Malen Salz und Pfeffer in der gewünschten Stärke.

3 Spätzlepresse
So läßt sich der deutsche Nudelklassiker einfach kochen.

4 Nudelmaschine
Knetet Teig und schneidet Pasta in verschiedenen Stärken.

5 Mörser
Für aromatischen Pfeffer und exotische Würzkörner.

6 Spätzlebrett
Über die Schräge schabt man den Teig einfach ins Wasser.

7 Spaghettizange
Serviert stilgerecht und tropfsicher auf jeden Teller.

8 Austernmesser
Öffnet Austern sicher und ohne Kraftaufwand.

9 Käsereibe
Zerteilt Parmesan und Co. in dekorative Späne.

10 Spargelschäler
Der Supersparsame schneidet hauchdünn und schnell.

11 Tomatenmesser
Schneidet fein, ohne die Tomaten zu zerdrücken.

12 Hobel
Hobelt Trüffel und Parmesan in hauchfeine Scheiben

13 Wiegemesser
Zerteilt Kräuter ohne Aufwand. Praktisch: Das passende Brett.

Besser leben mit FIT FOR FUN!

Gutes genießen, Leistung steigern, Potentiale freisetzen, Lebensqualität optimieren:
Nutzen Sie die Kompetenz unseres Expertenteams, um Leib und Seele in Form zu halten.
Praktische Tips und Tricks für alle Lebensbereiche – exklusiv bei FIT FOR FUN.

neu!

Salate & Vorspeisen

Format 22 x 29 cm, 200 Seiten
mit 150 Rezepten und Tips

DM 39,80

Die Köstlichkeiten aus dem FIT FOR FUN-Restaurant direkt zu Ihnen auf den Tisch. Kreative Salate, Fingerfood oder der schnelle Lunch. Mit großem Serviceteil und Step-by-Step Aufnahmen.

Das Buch mit Geschmack: die besten Rezepte aus dem Hamburger FIT FOR FUN-Restaurant. Gesunder Hochgenuß für zu Hause, ganz einfach nachzukochen. Mit vielen Zusatztips.

Fitness-Kochbuch

Format 22 x 29 cm,
über 200 Seiten mit
180 Rezepten und Tips

DM 39,80

Register

A

Apfel 143, 146
Apfelnockerln in Kiwicreme **143**
Aprikosencreme 148
Artischocken 24, 57, 130
Asiatisch 80, 104
Asiatischer Nudelsalat mit
Knoblauchgambas **104**
Auberginen 79
Auberginen-Lasagne mit Mozzarella **79**
Austernnudeln in der Schale **110**
Austernpilze 138

B

Bandnudeln mit Lamm und
Rosmarin **120**
Basilikum 37, 44, 61, 93,129, 135, 146
Basilikumcreme 37
Basilikumnudeln, hausgemacht, mit Rauke **61**
Basilikumnudeln mit frischen Pfifferlingen **135**
Basilikumspätzle 93
Birnen 40
Bohnen 69, 94
Brokkoli 59, 72, 73
Bucatini mit Knoblauchscampi **22**
Buchweizenravioli mit Aprikosencreme **148**
Bunter Herbstsalat mit Nudelhörnchen **150**

C

Caesar Salad 77
Calvadosäpfel 145
Cannelloni mit bunter Hackfleischfüllung **126**
Cannelloni mit Mozzarella und Gemüsecreme **127**
Carribean Style, Rigatoni 52
Catfish 84
Champignonnudelsalat mit
Petersilienvinaigrette **43**
Chicken Ramen **106**
Chili Ramen **107**
Chilidressing 63
Chinanudeln mit Putenstreifen **96**
Chinesische Nudeln mit Thunfisch **81**
Chinesische Spaghetti mit Koriander **46**
Chinesische Spaghetti mit
Putenbrust und Curry **47**
Chinesischer Glasnudelsalat **34**

D

Darjeelingnudeln mit Pfirsichcreme **146**
Dinkelnudeln mit Erbsen und Chilidressing **63**
Dinkelspätzle 62
Ditali mit Okra und Kaninchenfilet **122**

E

Erbsen 40, 63
Erdbeeren 143, 150
Erdbeerlasagne mit Baiser **143**

F

Farfalle 24, 25
Farfalle mit Artischocken und
Petersilienpesto **24**
Farfalle mit Radieschensalat und Salami **24**
Farfalle mit Spinat-Schinken-Sauce **25**
Farfalline 65
Feldsalat 151
Fenchel 29, 54
Fenchel-Fettuccine **29**
Fenchelspätzle auf
Rotkraut-Walnußsalat **66**
Fettuccine 29, 40, 57, 62, 72, 128, 138
Fettuccine mit Artischocken **57**
Fettuccine mit Erbsenpesto und Birnen **40**
Fettuccine mit gebratenem Brokkoli **72**
Fettuccine mit Gemüse und Gorgonzolasauce **128**
Fettuccine, Safran-, mit Austernpilzen 138
Fettuccine, Vollkorn-, mit Filetstreifen **62**
Filet mit Glasnudeln und Shiitake-Pilzen **113**
Forellen-Ravioli mit Kresse **124**
Frühlingsrolle Fit For Fun **68**
Fusilli mit Schinken, Salbei und Schalotte **27**

G

Gambas 83, 104, 105
Gebackene Quarkschleifchen
auf Himbeerpüree **142**
Gebratene Tintenfische und
Nudeln im Wok **100**
Gemüse 31, 38, 50, 86, 106, 128, 137
Glasnudeln 34, 58, 80, 113, 136, 150
Glasnudeln mit Pak-choi **58**
Glasnudelsalat asiatisch **80**
Glasnudelsalat mit Limettenvinaigrette **136**
Glasnudelsalat, chinesisch 34

Gnocchi 37, 91
Gorgonzola 40
Gratin aus Dinkelspätzle mit Roquefort **62**
Gratin mit Tagliatelle mit Gorgonzola **40**
Gratinierte Tortiglioni mit Ratatouille **55**
Gurken-Lachs-Consommé mit Basilikumspätzle **93**

H

Hähnchen 89
Herzmuscheln 35
Himbeeren 142
Holunder 145, 150
Hummerravioli auf grüner Sauce **133**

I

Indische Teigtaschen mit Minzedip auf Salat **81**
Indisches Nudelcurry mit roten Linsen **78**

K

Kartoffel-Lachs-Lasagne **116**
Kartoffeln 116, 129
Kerbel 98, 118, 134
Kerbelnudeln in Seezungenragout **118**
Kirschtomaten 60
Kiwi 134
Knoblauch 22, 94
Kokos 83, 149
Kokos-Gambas mit Reisbandnudeln **83**
Koriander 46
Krabben, Dill- 51
Kräuternudelsalat mit Gemüse-Raukecreme **50**
Kräutersauce 94
Kräuterspätzle auf Steinpilz-Rauke-Salat **92**
Kresse 124
Kresseblüten 102, 103

L

Lachs 69, 76, 116, 117, 134, 139
Lachsnudeln von der Westküste **116**
Lamm 102,120, 121
Lauchcreme mit Lachswürfeln **134**
Lauchzwiebeln 23
Linguine in pikanter Tomatensauce **56**
Löwenzahn **32**
Lumacone mit Löwenzahn und Putenbrust **32**

M

Makkaronigratin mit Ziegenkäse **98**
Mangos 149
Maultaschen mit Wirsing **64**
Minestrone mit Farfalline **65**
Möhren 88, 89, 138
Möhrentagliatelle zu Hähnchensaltimbocca **89**
Mozzarella 30, 79, 127

N

Nordfriesischer Nudelsalat mit Dill-Krabben **51**
Nudelauflauf mit Schafkäse **99**
Nudelhörnchen mit Seelachs und Brokkoli **59**
Nudelnester mit Tomaten und Sardellen **39**
Nudelsalat mit Fenchel **54**
Nußspätzle mit Pfifferlingen **82**

O

Oliven 101
Orangen 151,138
Orecchiette 94, 95
Orecchiette à la italiana **95**
Orecchiette mit Lachsstreifen in Kräutersauce **94**
Orecchiette-Bohnensalat mit Knoblauchdressing **94**

P

Pappardelle 121, 130, 131
Pappardelle mit Artischocken und Tuna **130**
Pappardelle mit Lamm-Tomaten-Sugo **121**
Pappardelle mit Muschelsauce **131**
Pasta alla capricciosa **28**
Pasta Caesar Salad **77**
Pasta mit Basilikum **44**
Penne 26, 30, 38, 43, 69, 72
Penne Fit For Fun **26**
Penne mit Bohnen-Lachs-Ragout **69**
Penne mit gegrilltem Gemüse **38**
Penne mit Rauke und Büffelmozzarella **30**
Penne mit Zucchini und Kresseblüten **103**
Penne Tricolore mit Thunfischcreme **42**
Pennesalat mit Brokkoli und Romanesco **72**
Petersilie 43, 60, 114
Pfifferlinge 82, 123
Pfirsiche 41, 147
Pfirsichpesto zu Tagliatelle **41**
Polentastreifen mit Kürbiskernpesto **85**
Putenbrust 47

Register

Q

Quark 142, 145
Quarknockerln und Calvadosäpfel in Holundersauce **145**

R

Ramen 106, 107
Ramen mit Gemüsestreifen **106**
Rauke 50, 60, 61, 92
Rehragout 123
Reispapier 76, 112
Reispapierpäckchen auf Brunnenkresse **112**
Ricotta-Ravioli-Salat mit eingelegten Tomaten **125**
Rigatoni mit Brokkoli **73**
Romanesco 72
rote Bete 70

S

Safran 100, 138
Safran-Fettuccine mit Austernpilzen **138**
Safran-Spaghetti mit Tintenfisch **100**
Salami 24
Schafkäse 33
Schwarze Tagliatelle mit geräuchertem Lachs **139**
Seelachs 59
Seezunge 118
Spaghetti 45, 60, 67, 84, 98, 100
Spaghetti mit Pilzsauce **45**
Spaghetti Verdura **67**
Spaghettigratin mit Kerbel **98**
Spaghettini 60, 88, 90, 111
Spaghettini mit Kirschtomaten und Salsa **60**
Spaghettini mit scharfer Möhrensauce **88**
Spaghettini mit Tiefseegarnelen **111**
Spaghettini mit Zucchiniblüten **90**
Spaghettisalat mit Petersilie und Raukecreme **60**
Spätzle 62, 66, 82, 93,123, 129
Spätzle mit Rehragout und Pfifferlingen **123**
Steinpilze 92, 114
Steinpilzstrudel mit Petersilie **114**
Süße Kokosvermicelli auf Mangospalten **149**

T

Tagliatelle 23, 31, 36, 40, 71, 89, 102, 139
Tagliatelle mit Lammfilet und Kresseblüten **102**
Tagliatelle mit sugo di pomodoro **36**
Tagliatelle mit Thunfisch-Estragon-Gemüse **31**
Taglionini mit frischen Trüffeln **115**
Taglionini-Möhrensalat mit Orangendressing **138**
Thai-Bandnudeln mit scharfem Gemüse **86**
Thunfisch 42, 119, 130, 137
Thunfisch provençal im Gemüse-Nudel-Bett **137**
Thymian 91, 119
Thymian-Ravioli mit Thunfischfüllung **119**
Thymiangnocchi mit geschmolzenen Tomaten **91**
Tintenfisch 100, 101
Tofu-Gnocchi auf roter Bete **70**
Tomaten 36, 39, 91, 121, 129, 134
Tomatencreme mit Kerbel und Balsamicoessig **134**
Tomatenspätzle auf Kartoffel-Basilikum-Salat **129**
Tomatentagliatelle in Lauchzwiebelsauce **23**
Topfenknödel mit Apfel-Basilikum-Kompott **146**
Tortiglioni mit Tintenfisch und Oliven **101**
Trüffeln 115

V

Vermicelli 35, 98, 105, 149
Vermicelli mit Gambas **105**
Vermicelli mit Herzmuscheln **35**
Vietnamesische Rinderbrühe mit Vermicelli **98**
Vollkornfettuccine mit Filetstreifen **62**
Vollkorngnocchi mit Basilikumcreme **37**
Vollkornspaghetti auf Catfishsugo **84**

W

Walnußnockerln auf Orangen-Feldsalat **151**
Wildkräuter 71
Wirsing 64

Z

Zucchini(blüten) 90, 103

Schonende Gartechniken für den Erhalt der Vitamine

Zubereitung von leichten Dressings

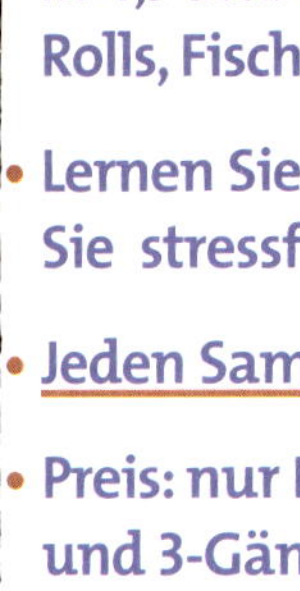